ENSEIGNEMENT SECONDAIRE CLASSIQUE

PLAN D'ÉTUDES

ET

PROGRAMMES

DU 2 AOUT 1880

Résumé des principes d'après lesquels le Plan d'études et les Programmes
devront être appliqués.

PARIS

IMPRIMERIE ET LIBRAIRIE CLASSIQUES, ADMINISTRATIVES ET DES CHEMINS DE FER

PAUL DUPONT

41, RUE JEAN-JACQUES-ROUSSEAU, 41

1880

ENSEIGNEMENT SECONDAIRE CLASSIQUE

PLAN D'ÉTUDES

ET

PROGRAMMES

DU 2 AOUT 1880.

Résumé des principes d'après lesquels le Plan d'études et les Programmes
devront être appliqués.

PARIS

IMPRIMERIE ET LIBRAIRIE CLASSIQUES, ADMINISTRATIVES ET DES CHEMINS DE FER

PAUL DUPONT

41, RUE JEAN-JACQUES-ROUSSEAU, **41**

1880

— Du 2 août —

ENSEIGNEMENT SECONDAIRE CLASSIQUE.

Plan d'études et programmes.

Le Ministre Secrétaire d'État au département de l'instruction publique et des beaux-arts,

Vu les arrêtés des 24 et 25 mars 1865,

Le Conseil supérieur de l'Instruction publique entendu,

Arrête, ainsi qu'il suit, le plan d'études et les programmes de l'enseignement secondaire classique dans les lycées et collèges (classes des lettres) :

PLAN D'ÉTUDES
DIVISION ÉLÉMENTAIRE.

(Dans les trois classes de la division élémentaire, calcul et enseignement par l'aspect. — Excursions instructives.)

CLASSE PRÉPARATOIRE.

LANGUE FRANÇAISE.
Dix heures.

Lecture, écriture, récitation française : explication du sens précis de chaque mot, de chaque phrase et de chaque alinéa.

Grammaire française: explication des règles les plus élémentaires.

Exercices oraux et écrits de langue et d'orthographe françaises.

Les élèves seront exercés à compléter et à composer des phrases françaises.

Livre de lecture, lu et commenté en classe.

HISTOIRE ET GÉOGRAPHIE.
Deux heures.

Biographie des hommes célèbres des temps anciens et modernes.

Petits récits faits par le maître et répétés de vive voix par l'élève.

Deux heures.

Notions élémentaires de géographie naturelle : définir et faire comprendre, par des descriptions et des exemples, le sens des principaux termes de géographie physique; indiquer sur le globe et au tableau la position des continents et spécialement celle de l'Europe et de la France. Notions sur la géographie physique de la France, en insistant sur celle de la commune et du département.

SCIENCES.

Quatre heures.

Calcul des nombres entiers. Exercices de calcul mental.
Leçons de choses.

LANGUES VIVANTES (ALLEMAND OU ANGLAIS).

Quatre heures.

Livre de lectures enfantines.

Deux heures.

Dessin.

CLASSE DE HUITIÈME. (9 ANS.)

LANGUE FRANÇAISE.

Dix heures.

Lecture, écriture, récitation française : explication du sens précis de chaque mot et de chaque phrase.
Grammaire française : application des règles.
Exercices de langue française et d'orthographe.
Livre de lecture, lu et commenté en classe.

HISTOIRE ET GÉOGRAPHIE.

Deux heures.

Histoire sommaire de la France, jusqu'à l'avènement de Henri IV.
Récits simples ; courts exposés faits par le maître et répétés de vive voix par l'élève.

Deux heures.

Géographie élémentaire des cinq parties du monde.
Principaux voyages de découvertes. Grands navigateurs.

SCIENCES.

Quatre heures.

Calcul des nombres entiers. Exercices de calcul mental.
Tracé des figures les plus simples de la géométrie plane.

Eléments d'histoire naturelle des animaux et des végétaux.

LANGUES VIVANTES (ALLEMAND OU ANGLAIS).

Quatre heures.

Premières notions de grammaire.
Exercices de lecture et de conversation.
Explication et récitation d'auteurs élémentaires.
Phrases très faciles.

Allemand.

Morceaux choisis de prose et de poésie.

Anglais.

Morceaux choisis.

Miss Edgeworth : *Contes choisis.*

Deux heures.

Dessin.

CLASSE DE SEPTIÈME. (10 ANS.)

LANGUE FRANÇAISE.

Huit heures.

Lecture, écriture, récitation française : explication du sens précis de chaque mot et de chaque phrase.
Grammaire française.
Exercices de langue française et d'orthographe.
Petits exercices de composition et analyse écrite de récits historiques faits en classe.

HISTOIRE ET GÉOGRAPHIE.

Deux heures.

Histoire de la France, depuis l'avènement de Henri IV jusqu'à nos jours.
Exposés faits par le maître et reproduits par l'élève, de vive voix ou par écrit.

Deux heures.

Géographie élémentaire de la France.

SCIENCES.

Quatre heures.

Calcul des nombres entiers et des nombres décimaux.

Système métrique.

Tracé de figures géométriques. Notions sur les solides, enseignées au moyen de modèles en relief.

Eléments d'histoire naturelle des terrains et des pierres.

Premiers éléments des sciences expérimentales.

LANGUES VIVANTES.

Quatre heures.

Eléments de grammaire.

Explication et récitation d'auteurs élémentaires.

Exercices de lecture et de conversation.

Phrases usuelles sur les principes étudiés.

Allemand.

Morceaux choisis.

Paraboles de Krummacher.

Anglais.

Morceaux choisis.

Day : *Sandford et Merton.*

Miss Edgeworth : *Contes choisis.*

DESSIN

Deux heures.

Après la septième, examen de passage.

DIVISION DE GRAMMAIRE.

(Dans les trois classes de 6ᵉ, 5ᵉ et 4ᵉ, l'enseignement des sciences physiques et naturelles est essentiellement descriptif et expérimental.)

CLASSE DE SIXIÈME. (11 ANS.)

LANGUE FRANÇAISE.

Trois heures.

Grammaire française.

Lecture : explication et récitation d'auteurs français.

Morceaux choisis de prose et de vers des classiques français.

La Fontaine : *Fables*.
Exercices de langue française et d'orthographe.
Compositions très simples.

LANGUE LATINE.
Dix heures.

Grammaire latine.
Prosodie latine.
Explication et récitation d'auteurs latins : textes faciles.
De viris.
Thème latin, surtout oral.
Version latine.
Une grande place sera donnée à la préparation et à l'explication des textes.

HISTOIRE ET GÉOGRAPHIE.
Deux heures.

Histoire ancienne des peuples de l'Orient. Géographie ancienne.

Une heure.

Géographie générale de l'Europe et du bassin de la Méditerranée.

SCIENCES.
Trois heures.

Arithmétique. Calcul et fractions.
Géométrie. Notions sur la sphère.
Notions élémentaires de physique et de chimie.

LANGUES VIVANTES.
Trois heures.

Grammaire.
Explication et récitation d'auteurs.
Exercices de lecture et de conversation.
Thème, surtout oral.
Version, surtout orale.

Auteurs allemands.

Morceaux choisis.
Campe : *Le jeune Robinson*.

Herder et Liebeskind : *Feuilles de palmier*.
Musœus : *Contes choisis*.

Auteurs anglais.

Miss Edgeworth : *Contes choisis*.
Aikin et Barbauld : *Soirées au logis*.
Miss Corner : *Histoire d'Angleterre*.

DESSIN.
Deux heures.

Dessin graphique (en dehors des vingt-deux heures réglementaires.)

CLASSE DE CINQUIÈME. (12 ANS.)

LANGUE FRANÇAISE.
Trois heures.

Lecture, explication et récitation d'auteurs français.
Morceaux choisis de prose et de vers des classiques français.
Fénelon : *Télémaque*.
Buffon : Morceaux choisis.
Racine : *Esther*.
Boileau : Episodes du *Lutrin; Satires*.
Exercices de langue française et d'orthographe.
Compositions très simples.

LANGUE LATINE.
Dix heures.

Grammaire latine : revision des éléments: syntaxe complète.
Groupement des mots par famille. Mots primitifs et mots dérivés.
Prosodie latine.
Explication et récitation d'auteurs latins.
Selectæ.
Phèdre : Fables choisies.
Cornelius Nepos.
Thème latin, surtout oral.
Version latine.
Notions sommaires d'histoire littéraire, à l'occasion des textes expliqués.

HISTOIRE ET GÉOGRAPHIE.

Deux heures.

Histoire de la Grèce ancienne. Géographie ancienne.

Une heure.

Géographie de l'Afrique, de l'Asie, de l'Amérique et de l'Océanie.

SCIENCES.

Quatre heures.

Arithmétique pratique. Notions d'arithmétique commerciale.

Géométrie usuelle : mesure des surfaces et des volumes les plus simples.

Zoologie.

LANGUES VIVANTES.

Trois heures (dont une heure prise sur l'étude).

Grammaire (continuation).

Explication et récitation d'auteurs.

Exercices de lecture et de conversation.

Thème.

Version.

Auteurs allemands.

Morceaux choisis.

Niebuhr : *Histoire héroïque de la Grèce.*

Grimm : *Contes populaires.*

Andersen : *Contes enfantins.*

Auteurs anglais.

Morceaux choisis.

Walter Scott : *Récits d'un grand-père.* Hughes : *Les jours de classe de Tom Brown.*

Voyages du capitaine Cook.

Miss Corner : *Histoire de Grèce.*

DESSIN.

Deux heures

(en dehors des 22 heures réglementaires).

CLASSE DE QUATRIÈME. (13 ANS.)

LANGUE FRANÇAISE.

Trois heures.

Lecture, explication et récitation d'auteurs français.

Notions d'étymologie française. Lois qui ont présidé à la forma-tion des mots français. Mots d'origine populaire et mots d'origine savante.

Morceaux choisis, de prose et de vers, des classiques français.

Mme de Sévigné : *Lettres choisies.*

Voltaire : *Charles XII.*

Racine : *Athalie.*

Boileau.

Exercices de langue française et d'orthographe.

Notions sommaires d'histoire littéraire, à l'occasion des auteurs expliqués.

Compositions en français.

LANGUE LATINE.

Six heures.

Grammaire latine : revision. Continuation des exercices sur le vocabulaire.

Eléments de prosodie latine.

Explication et récitation d'auteurs latins.

César : *De Bello Gallico.*

Quinte-Curce.

Virgile : *Enéide* (livres I et II).

Ovide : *Métamorphoses.*

Thème latin, oral et écrit.

Version latine.

Eléments d'histoire littéraire, à l'occasion des textes expliqués.

LANGUE GRECQUE.

Six heures.

Grammaire grecque : premiers éléments.

Textes faciles. Chrestomathie.

Version grecque.

HISTOIRE ET GÉOGRAPHIE.

Deux heures.

Histoire romaine.

Une heure.

Géographie de la France.

SCIENCES.

Trois heures.

Arithmétique : théories les plus simples.
Géométrie plane : premiers éléments.
Géologie et botanique.

LANGUES VIVANTES.

Deux heures (dont une heure prise sur l'étude).

Auteurs allemands.

Morceaux choisis.
Lessing : *Fables.*
Une comédie en prose (Bénédix : Théâtre de famille).
Kotzebuë : *La petite ville allemande. Paysan et citadin.*
Lessing : *Minna de Barnhelm.*

Auteurs anglais.

Morceaux choisis.
Daniel de Foë : *Robinson Crusoé.*
Irving : *Voyages de Christophe Colomb.*
Pope : *La Forêt de Windsor.*
Miss Corner : *Histoire de Rome.*

DESSIN.

Deux heures.

(en dehors des 22 heures réglementaires).
Après la quatrième, examen de passage.

DIVISION SUPÉRIEURE.
CLASSE DE TROISIÈME (1). (14 ANS.)

LANGUE FRANÇAISE

Trois heures.

Etude de la langue française.
Lois qui ont présidé à la formation des mots français.
Prosodie française.
Lecture, explication et récitation d'auteurs français.
Morceaux choisis de prosateurs et de poètes français des XVIᵉ, XVIIᵉ, XVIIIᵉ, XIXᵉ siècles.
Bossuet : *Discours sur l'Histoire universelle* (3ᵉ partie).
Montesquieu : *Grandeur et Décadence des Romains.*
Corneille : *Horace. Cinna.*
Racine : *Andromaque. Les Plaideurs.*
Exercices et compositions en français. Analyses d'auteurs français.
Notions d'histoire de la littérature française.

LANGUE LATINE.

Cinq heures.

Grammaire latine : revision.
Prosodie latine : exercices de métrique.
Explication et récitation d'auteurs latins.
Cicéron : *Pro Archiâ poetâ. De Suppliciis. De Senectute.*
Salluste.
Tite-Live : Livres XXI et XXII.
Virgile : *Eglogues.* Episodes des *Géorgiques. Enéide* (livres III, IV et V).
Version latine.
Thème.

---

(1) Chaque année, le professeur choisira sur la liste officielle, pour les diverses classes, les ouvrages qui serviront soit à l'explication approfondie, soit à la lecture rapide des textes étudiés en classe. Une bibliothèque contenant tous les auteurs du programme sera mise, dans chaque classe, à la disposition des élèves internes et externes.

Notions d'histoire de la littérature latine.
Analyses d'auteurs.

LANGUE GRECQUE.
Cinq heures.

Continuation de la grammaire grecque. Récitation d'auteurs grecs.

Groupement des mots soit par famille, soit par association d'idées. Mots primitifs et mots dérivés.

Lucien : *Dialogues des morts.*

Hérodote : Morceaux choisis.

Xénophon : *Anabase.*

Version grecque.

Notions d'histoire de la littérature grecque.

HISTOIRE ET GÉOGRAPHIE.
Trois heures.

Histoire de l'Europe et particulièrement de la France, de 395 à 1270. — On insistera sur les institutions.

Une heure.

Géographie physique, politique et économique de l'Europe (moins la France).

SCIENCES.
Trois heures.

Complément d'arithmétique et de géométrie plane.

Premiers éléments du calcul algébrique.

Physique : pesanteur; équilibre des liquides; chaleur.

LANGUES VIVANTES.
Trois heures (dont une heure prise sur l'étude).

Grammaire : revision de la syntaxe; formation des mots.

Notions sommaires de prosodie.

Explication et récitation d'auteurs.

Exercices de lecture et de conversation.

Thème.

Version.
Notions d'histoire littéraire.

Auteurs allemands.

Morceaux choisis.
Gœthe : *Campagne de France.*
Chamisso : *Pierre Schlemihl.*
Auerbach : *Récits villageois de la Forêt Noire*
Schiller : *Guillaume Tell. Marie Stuart.*

Auteurs anglais.

Morceaux choisis.
Macaulay : *Histoire d'Angleterre,* I.
Walter Scott : Un roman.
Shakespeare : *Jules César,*
Dickens : *Histoire d'Angleterre.*

DESSIN.

Deux heures.

(en dehors des 22 heures réglementaires).

CLASSE DE SECONDE. (15 ANS.)

LANGUE FRANÇAISE.

Quatre heures.

Etude de la langue française. Lois qui ont présidé à la formation des mots français.

Explication et récitation d'auteurs français.

Morceaux choisis de prosateurs et de poètes des XVIe, XVIIe, XVIIIe et XIXe siècles.

Chanson de Roland.

Joinville.

Montaigne : Extraits.

Corneille : *Le Cid. Nicomède.*

La Bruyère.

Racine : *Iphigénie.*

Bossuet : *Oraisons funèbres.*
Molière : *L'Avare. Les Femmes savantes.*
La Fontaine : *Fables* (les six premiers livres.)
Exercices et compositions en français. Analyses d'auteurs français. Histoire sommaire de la littérature française jusqu'à la mort de Henri IV.

LANGUE LATINE.

Quatre heures.

Explication et récitation d'auteurs latins.
Exercices de prosodie et de métrique.
Tite-Live : Livres XXIII, XXIV, XXV.
Cicéron : *Catilinaires. Le Songe de Scipion.*
Tacite : *Vie d'Agricola. Annales* (livres I, II et III).
Virgile : *Enéide* (livres VI, VII et VIII).
Horace : *Odes.*
Version latine.
Exercices latins.
Notions d'histoire de la littérature latine.

LANGUE GRECQUE.

Cinq heures.

Revision de la grammaire.
Récitation d'auteurs grecs.
Continuation des exercices sur le vocabulaire grec.
Homère : *Odyssée* (livres I, II, VI, XI et XII).
Xénophon : *Cyropédie. Economique.*
Hérodote : Morceaux choisis.
Plutarque : *Vie d'Alexandre. Vie de Démosthène. Vie de Cicéron.*
Euripide : *Iphigénie à Aulis. Hécube. Alceste.*

Version grecque.
Notions d'histoire de la littérature grecque.

HISTOIRE ET GÉOGRAPHIE.

Trois heures.

Histoire de l'Europe et particulièrement de la France, de 1270 à 1610. — On insistera sur les institutions.

Une heure.

Géographie physique, politique et économique de l'Afrique, de l'Asie, de l'Amérique et de l'Océanie.

Etude générale des voies de communication de terre et de mer.

Indication des grands centres de production et de commerce.

SCIENCES.

Trois heures.

Algèbre.

Géométrie dans l'espace, sauf les corps ronds.

Physique : optique ; acoustique.

LANGUES VIVANTES.

Trois heures (dont une prise sur l'étude).

Revision de la grammaire : idiotismes.

Explication et récitation d'auteurs.

Exercices de lecture et de conversation.

Thème écrit et thème oral.

Version.

Compositions.

Notions d'histoire littéraire, à propos des morceaux expliqués.

Auteurs allemands.

Morceaux choisis.

Gœthe : *Goetz de Berlichingen. Voyage en Italie. Hermann et Dorothée.*

Schiller : *Wallenstein. Poésies lyriques. Soulèvement des Pays-Bas.*

Hauff : *Lichtenstein.*

Auteurs anglais.

Morceaux choisis.

Dickens : *David Copperfield.*

W. Irving : *Livre d'esquisses.*

Goldsmith : *Le Village abandonné. Le Voyageur.*

Shakespeare : *Macbeth.*
Walter Scott : Un roman.

DESSIN.

Deux heures.

(en dehors des 22 heures réglementaires).

CLASSE DE RHÉTORIQUE. (16 ANS.)

LANGUE FRANÇAISE.

Cinq heures.

Etude de la langue française. Composition et style.
Explication et récitation d'auteurs.
Morceaux choisis de prosateurs et de poètes des xviiie et xixe siècles.
Pascal : *Pensées. Provinciales* (Ire, IVe et XIIIe).
Bossuet : *Sermons choisis.*
La Bruyère.
Fénelon : *Lettre à l'Académie.*
Buffon : *Discours sur le style.*
Voltaire : *Siècle de Louis XIV. Lettres choisies.*
Corneille : Théâtre.
Racine : Théâtre.
Molière : *Misanthrope. Tartufe.*
Boileau : *Art poétique.*
La Fontaine : *Fables* (les six derniers livres).
Discours ou compositions en français.
Analyses littéraires d'auteurs français.
Histoire de la littérature française depuis l'avènement de Louis XIII.

LANGUE LATINE.

Quatre heures.

Explication et récitation d'auteurs latins.
Cicéron : *Pro Milone.* 2e *Philippique.* Choix de lettres.

Tite-Live (livres XXVI à XXX).
Tacite : *Annales* (livres XIV et XV).
Pline : *Choix de lettres.*
Plaute : Extraits.
Térence : *Adelphes.*
Lucrèce : Extraits.
Virgile : *Enéide* (livres IX à XII).
Horace : *Epîtres.*
Version latine.
Composition latine.
Analyses littéraires d'auteurs latins.
Notions d'histoire de la littérature latine.

LANGUE GRECQUE.

Quatre heures.

Explication et récitation d'auteurs grecs.
Thucydide : Extraits.
Démosthène : *Philippiques. Discours sur la Couronne.*
Platon : *Criton. Apologie.*
Homère : *Iliade* (livres I, II, XVIII et XXII).
Eschyle : Extraits.
Sophocle : *Œdipe roi. Œdipe à Colone. Antigone.*
Xénophon : *Mémorables.*
Aristophane : Extraits.
Version grecque.
Analyses littéraires d'auteurs grecs.
Notions d'histoire de la littérature grecque.

HISTOIRE ET GÉOGRAPHIE.

Quatre heures.

Histoire de l'Europe et particulièrement de la France, de 1610 à 1789.

Géographie physique, politique, administrative et économique de la France et de ses possessions coloniales.

49

SCIENCES.

Trois heures.

Géométrie : corps ronds.
Cosmographie.
Physique : magnétisme, électricité.

LANGUES VIVANTES.

Deux heures, et une heure prise sur l'étude.

Du style.
Explication et récitation d'auteurs.
Exercices de lecture et de conversation.
Thème écrit et thème oral.
Version.
Composition.
Notions d'histoire littéraire, à propos des morceaux expliqués.

Auteurs allemands.

Morceaux choisis.
Lessing : *Dramaturgie de Hambourg.*
Gœthe : *Le Tasse. Iphigénie. Poésies lyriques.*
Schiller : *La Fiancée de Messine. Guerre de Trente ans.*

Auteurs anglais.

Morceaux choisis.
Dickens : *Nicolas Nickleby.*
Walter Scott : *Les Puritains d'Ecosse.*
Shakespeare : *Henri VIII. Richard III. Othello.*
Byron : *Childe Harold.*

DESSIN.

Deux heures

(en dehors des 22 heures réglementaires).

CLASSE DE PHILOSOPHIE.

Huit heures par semaine.

Cours de philosophie, comprenant : la psychologie, la logique, la morale, la théodicée et l'histoire de la philosophie.

Notions élémentaires d'économie politique.
Devoirs : Dissertation française.

Auteurs français.

Descartes : *Discours de la méthode. Première Méditation.*
Leibniz : *Monadologie.*

Une heure.

Explication des auteurs latins et grecs.

Auteurs latins.

Cicéron : *De legibus* (livre I).
Sénèque : *De Vitâ beatâ.*

Auteurs grecs.

Platon : *République* (livre VIII).
Aristote : *Morale à Nicomaque* (livre VIII).

HISTOIRE.

Trois heures.

Histoire de France et histoire contemporaine, depuis 1789 jusqu'à la constitution de 1875.

SCIENCES.

Neuf heures.

Revision et complément des cours de sciences mathématiques, physiques et naturelles. Notions de mécanique.
Chimie.
Anatomie et physiologie animales et végétales.

LANGUES VIVANTES.

Une heure prise sur l'étude.

Auteurs allemands.

Morceaux choisis, d'un caractère philosophique.
Gœthe : *Faust,* 1re partie (Extraits).
Lessing : *Laocoon* (Extraits).
Correspondance de Schiller et de Gœthe (Extraits).

Herder : *Idées sur la philosophie de l'histoire de l'humanité.*
Schiller : *Œuvres esthétiques.*

Auteurs anglais.

Morceaux choisis, d'un caractère philosophique.
Bacon : *Essais.*
Pope : *Essai sur la critique.*
Macaulay : *Histoire d'Angleterre.*
Stuart Mill : *La liberté.*

DESSIN.

Deux heures

(en dehors des 22 heures réglementaires).

PROGRAMMES

DIVISION ÉLÉMENTAIRE

CLASSE PRÉPARATOIRE.

LANGUE FRANÇAISE (1).

Lecture. — Écriture.
Les différentes parties du discours. Le genre. Le nombre.
Exercices de conjugaison.
Exercices sur le vocabulaire. — Substantifs tirés d'adjectifs; substantifs tirés de verbes, etc.
Chaque exercice sur la grammaire est pratiqué en classe, durant

---

(1) Le programme de l'enseignement de la langue française, dans la division élémentaire et dans la division de grammaire, doit être considéré comme un sommaire des notions que l'élève devra posséder à la fin de l'année. Il est entendu que les règles seront surtout enseignées par l'usage. Le professeur ne manquera aucune occasion de faire constater aux enfants qu'ils sont déjà en possession des différentes sortes de mots et qu'ils appliquent instinctivement les règles de la grammaire. Il rattachera donc constamment son enseignement aux exemples fournis par le langage parlé ou écrit.

quelque temps, oralement et par écrit, avant qu'un exercice du même genre soit exigé comme travail à faire aux heures d'étude.

HISTOIRE.

Biographies d'hommes illustres des temps anciens et modernes.

Pour répondre au programme, le professeur choisira dans les temps anciens et modernes :

Soit des hommes d'Etat, législateurs, fondateurs d'empire, tels que : Solon, Périclès, Auguste, Constantin, Charlemagne, Mahomet, Pierre le Grand, Washington ;

Soit des hommes de guerre, tels que : Alexandre, Annibal, César, Condé, Turenne, Napoléon Ier ;

Soit des orateurs ou des écrivains, tels que : Démosthène, Cicéron, Virgile, Dante, Shakespeare, Corneille, Voltaire, Mirabeau ;

Soit des artistes, tels que : Raphaël, Michel-Ange, Nicolas Poussin ;

Soit des explorateurs, tels que : Christophe Colomb, Vasco de Gama, Cook, La Pérouse, Livinsgtone ;

Soit des inventeurs ou des savants, tels que : Gutenberg, Bernard Palissy, Galilée, Papin, Watt, Franklin, Lavoisier, Ampère, Cuvier, Arago.

Le professeur reste d'ailleurs maître de la disposition et du choix de ses sujets. Il agit d'après son expérience et d'après la nature d'esprit des élèves auxquels il s'adresse. On a voulu seulement montrer, par les indications ci-dessus, les principes qui semblent le mieux correspondre aux conditions d'un enseignement qui doit rester élémentaire et facilement accessible.

On a pensé qu'il était bon de supprimer les biographies où la légende tient une place prépondérante. Il faut sans doute que le détail anecdotique et vivant domine, mais à condition qu'il offre les caractères de la vérité historique.

C'est en vertu de ces considérations qu'on n'a pas indiqué de biographies pour l'histoire ancienne de l'Orient ; le professeur donnera sur les civilisations primitives des idées plus utiles et plus justes, et il intéressera autant les élèves en décrivant quelques-uns des grands monuments de l'Égypte ou de la Babylonie, temples, palais, pyramides, hypogées, ou bien en racontant quelques épisodes des voyages anciens.

L'enseignement, pour être vraiment fécond, doit, tout en restant très simple, faire connaître surtout aux enfants les personnages dignes de servir d'exemple, et ceux qui ont le plus contribué aux progrès de l'humanité.

GÉOGRAPHIE.

Notions élémentaires de géographie générale : définir et faire comprendre, par des descriptions et des exemples, le sens des principaux termes de géographie physique ; indiquer, sur le globe et au tableau, la position des continents et spécialement celle de l'Europe et de la France. Notions sur la géographie physique de la France, en insistant sur la géographie physique de la commune et du département :

1° Position et plan de la ville. — Environs de la ville. — Exercices de dessin à propos du plan de la ville. — Le département. — Moyens de communication.

Carte de France : position, étendue, configuration, principaux fleuves, grandes villes.

2° Le globe : répartition des terres et des mers. — Océan, mer, golfe, détroit, continent, partie du monde, île, archipel, isthme, cap, montagne, volcan, glacier, bassin de fleuve, delta. Position des continents et spécialement de l'Europe et de la France.

3° Forme, dimensions et mouvements de la terre. — Horizon, points cardinaux, pôles, équateur.

(Définitions et descriptions simples ; exemples empruntés autant que possible aux lieux dans lesquels vit l'écolier ; éléments de dessin géographique à l'aide du globe terrestre, de la carte et du tableau noir.)

Pendant cette première année, le but de l'enseignement géographique n'est pas de donner à l'enfant une longue énumération de noms de lieux, mais de l'habituer à l'usage des termes géographiques et des instruments d'étude, tels que globe, cartes, plans, dont la lecture sera l'exercice fondamental de la classe.

SCIENCES

ARITHMÉTIQUE.

Calcul des nombres entiers. — Exercices de calcul mental.

LEÇONS DE CHOSES.

Lectures, récits, questions adressées par le professeur sur les sujets suivants :

Les solides.

Charbon et combustibles divers.
Matériaux de construction.
Métaux usuels. — Fer. — Cuivre. — Zinc. — Argent. — Or. — Les monnaies.
Mines et extraction des minerais.

L'eau.

Lacs. — Canaux. — Puits. — Sources. — Rivières.
L'eau de mer et le sel marin.
La glace et les glaciers. — Les glaces flottantes.
Neige.
Pluies. — Inondations.

L'air.

Les aérostats.
Le vent.
Les orages.
La chaleur solaire. — Saisons.
Dessins, modèles et échantillons que l'enfant pourra manier.

LANGUES VIVANTES (ALLEMAND OU ANGLAIS).

Livre de lectures enfantines.
Exercices de langue usuelle à propos de lectures faites en classe, et comme explication de tableaux figurés.
Quelques paradigmes de grammaire, très faciles.

DESSIN.

(Le même programme s'appliquera à l'enseignement dans les trois classes élémentaires, avec des exemples gradués et des applications de plus en plus difficiles.)

§ 1. — Tracé et division de lignes droites en parties égales. — Évaluation des rapports de lignes droites entre elles.

§ 2. — Reproduction et évaluation des angles.

§ 3. — Principes élémentaires du dessin d'ornement. — Circonférences. — Polygones réguliers. — Rosaces étoilées.

§ 4. — Courbes régulières autres que la circonférence. — Courbes elliptiques, spirales. — Courbes empruntées au règne végétal. — Tiges, feuilles, fleurs.

§ 5. — Premières notions sur la représentation des objets dans leurs dimensions vraies (éléments du dessin géométral) et sur la représentation de ces objets dans leur apparence (éléments de la perspective).

Ces différentes études donneront lieu à des exercices variés.

CLASSE DE HUITIÈME.

LANGUE FRANÇAISE.

Revision. — Orthographe usuelle. — Exercices au tableau.

Analyse grammaticale réduite à ses formes les plus simples.

Exercices sur le vocabulaire et la construction. — Remplacer dans de petites phrases l'actif par le passif, le présent par le futur, etc. (1).

Petites rédactions préparées en classe.

HISTOIRE.

Histoire de la France jusqu'à Henri IV.

Les anciens Gaulois. — Conquête de la Gaule par les Romains. Jules César, Vercingétorix. Les grandes villes de la Gaule romaine. Le christianisme en Gaule.

---

(1) Voici quelques modèles d'exercices sur le vocabulaire et la construction : Distinguer les noms, les adjectifs, les verbes, etc. employés dans des phrases dites par le professeur, écrites au tableau ou bien dans un texte. — Changer dans une narration le temps des verbes ; en changer la personne. — Trouver un nombre déterminé de noms, d'adjectifs, de verbes se rapportant à un ordre d'idées donné. — Ajouter des conjonctions dans un texte où elles ont été omises. — Contraire d'adjectifs donnés ; même exercice sur les noms abstraits qui leur correspondent. — Résumer, sans rien omettre, un passage classique en un nombre de propositions déterminé par le professeur. Ces exercices, qu'il est aisé de multiplier, conviennent aux classes de neuvième, huitième, septième et sixième.

Invasion des Barbares. — Les Francs en Gaule. Clovis. Frédégonde et Brunehaut. Dagobert.

Pépin d'Héristal. — Charles Martel. Pépin le Bref.

Charlemagne. — Ses guerres. Son couronnement à Rome.

Louis le Pieux. — Le traité de Verdun. Charles le Chauve. Les Normands.

Démembrement de la France en grands fiefs. — Les premiers Capétiens. Les Croisades.

Affranchissement des communes. — Louis VI. Louis VII et Suger. Philippe-Auguste. Bataille de Bouvines. Croisade contre les Albigeois.

Règne de saint Louis. — Les monuments religieux et militaires.

Philippe le Bel. — Boniface VIII et les Templiers.

Les Valois. — La guerre de Cent ans. Étienne Marcel.

Charles V et Duguesclin. — Charles VI. Les Armagnacs et les Bourguignons.

Charles VII. — Jeanne d'Arc. Jacques Cœur. Fin de la guerre de Cent ans.

Louis XI et Charles le Téméraire.

Charles VIII et Louis XII. — Guerres d'Italie.

François Ier. — Lutte de François Ier et de Charles-Quint. La Renaissance.

La Réforme et les guerres de religion. — Henri II. Charles IX. La Saint-Barthélemy.

Fin des guerres de religion. Henri III et la Ligue. Avénement de Henri IV. L'édit de Nantes.

GÉOGRAPHIE.

Géographie élémentaire des cinq parties du monde. Principaux voyages de découvertes. Grands navigateurs.

La mer et les continents; les océans. — Les cinq parties du monde. — Les régions polaires.

Europe, Asie, Afrique, Amérique, Océanie. — Configuration et limites : mers, grands golfes et détroits, caps, îles, presqu'îles. — Grandes chaînes de montagnes. — Fleuves et lacs. — Animaux et plantes remarquables. — Principaux États avec leurs capitales. — Grands ports de commerce et villes importantes.

Voyages et découvertes de Marco-Polo, Christophe Colomb, Vasco de Gama, Magellan, Cook, Lapérouse, Dumont d'Urville, Parry, Livingstone.

SCIENCES.

ARITHMÉTIQUE.

Calcul des nombres entiers. Exercices de calcul mental.

ÉLÉMENTS D'HISTOIRE NATURELLE DES ANIMAUX (1).

Différences des êtres vivants et des corps inanimés.

Différences apparentes des animaux et des végétaux. Ce qu'on entend par *règnes*. Les plus gros êtres vivants ; les plus petits visibles à l'œil nu, à la loupe, au microscope.

Animaux terrestres, aquatiques, volants ; diurnes et nocturnes.

Distribution des animaux les plus connus dans les régions arctiques, tempérées, torrides.

Croissance de l'animal. Allaitement. Œufs et poussins. Métamorphoses de la grenouille, du ver à soie, de la mouche.

La chasse et la pêche. Animaux utiles, nuisibles, domestiques.

Différences entre les animaux : animaux ayant des os ou des arêtes ; squelette.

Animaux dépourvus de squelette et formés d'anneaux.

Animaux à peau molle, sans coquille, comme la limace, ou avec une coquille.

Vers de terre.

Animaux ayant l'apparence de plantes.

Animaux couverts de poil, ayant des mamelles.

Animaux couverts de plumes. Fabrication des nids.

Animaux froids : serpents, tortues, lézards, grenouilles, poissons.

ÉLÉMENTS D'HISTOIRE NATURELLE DES VÉGÉTAUX.

L'enseignement aura pour objet l'examen successif des organes

---

(1) Cet enseignement sera fait exclusivement au point de vue descriptif, avec l'emploi fréquent des types originaux et d'objets figurés. Il sera complété par des excursions instructives.

d'un certain nombre de plantes, choisies dans les divers groupes naturels parmi celles dont l'observation offre le plus de facilités, tant par la vulgarité des espèces que par l'ampleur relative des organes floraux. Le professeur donnera la préférence aux plantes qui servent à d'utiles applications.

L'examen s'étendra à tous les organes de la plante : racine, tige, feuille, fleurs (calice, corolle, étamines, pistil, graine, fruit).

Le professeur choisira ses exemples dans les grandes divisions aujourd'hui adoptées (dicotylédones, monocotylédones, cryptogames), de sorte que l'élève se trouvera naturellement initié à la connaissance de ces divisions.

EXEMPLES DE PLANTES QUI POURRONT SERVIR D'OBJETS D'ÉTUDE.

DICOTYLÉDONES.

La grande pervenche, le laurier-rose ;
La patate (aliment), le liseron (âcre, purgatif) ;
La pomme de terre (aliment), le tabac (poison) ;
Le muflier (plante ornementale), la linaire ;
Le laurier blanc, la sauge, la menthe ;
La primevère, l'oreille-d'ours (plante ornementale) ;
L'aspérule, le caille-lait, la garance (plante tinctoriale) ;
Le chèvrefeuille (plante ornementale), le sureau ;
Le bluet, la jacée ;
La chicorée, la laitue (plantes alimentaires) ;
Le grand soleil (oléifère), le souci ;
Les campanules (ornementales, alimentaires) ;
La carotte, l'angélique (alimentaires) ;
Le potiron, le melon (alimentaires) ;
Le pommier, le poirier, le cerisier, le prunier (alimentaires) ;
Le rosier à fleurs simples et à fleurs doubles (indiquer dans celui-ci la métamorphose des étamines en pétales) ;
Le fraisier (réceptacle alimentaire), la ronce, la framboise ;
Le haricot, le pois (alimentaires par péricarpes et graines) ;
Le trèfle, le sainfoin, la luzerne (fourrages, employés pour les prairies artificielles) ;

L'oranger (fruit alimentaire, fleurs donnant une eau distillée, objet d'important commerce) ;

La rose trémière (ornementale) ; la mauve ;

Le géranium et le pélargonium ;

La vigne (produit le vin) ; indiquer ses ennemis : (phylloxera, etc.) ; la vigne vierge (s'attache aux murs par des crampons-ventouses) ;

L'œillet (ornemental) ; la saponaire (principe qui fait mousser l'eau et enlève les taches) ;

La giroflée (plante ornementale), le chou (alimentaire) ;

Le coquelicot ; le pavot (donne l'opium) ;

Le sarrasin (alimentaire) ;

Le ricin (ornemental, oléifère) ; l'euphorbe (suc laiteux, très âcre) ;

Le chêne (arbre forestier, gland alimentaire) ;

Le pin, le sapin (arbres forestiers, toujours verts).

MONOCOTYLÉDONES.

Le lis, la tulipe, la jacinthe (fleurs ornementales) ;

Le narcisse, l'amaryllis (fleurs ornementales) ;

L'iris de Florence (ornemental ; son rhizôme à odeur de violette (expliquer en quoi cet organe diffère des racines) ;

L'orchis, l'ophrys (curieuses formes de beaucoup de leurs fleurs) ;

Le blé, le seigle, l'orge, l'avoine, le maïs et le riz (alimentaires).

CRYPTOGAMES.

Fougère mâle (ténifuge) ; fougère aigle ;

Prêle ou queue de cheval (la prêle d'hiver sert à polir les métaux par la silice qui incruste sa surface) ;

Le polytric ou grande mousse ;

Truffe, agaric (champignon de couche) et bolet (cèpe de Bordeaux) :

Lichen ;

Algue d'eau douce, algue marine.

LANGUES VIVANTES.

PREMIÈRES NOTIONS DE GRAMMAIRE.

Grammaire allemande.

Lecture. — Écriture. — Insister dans la prononciation sur l'accent tonique. — Articles et adjectifs déterminatifs. — Exercices de déclinaison (substantifs et adjectifs). — Comparatif et superlatif. — Noms de nombre. — Pronoms. — Exercices de conjugaison (les trois auxiliaires, verbes faibles). — Les mots invariables les plus usités. — Règles élémentaires de la construction.

Grammaire anglaise.

Lecture. — Principes généraux de la prononciation. — Insister dans la prononciation sur l'accent tonique. — Article. — Adjectifs déterminatifs. — Emploi de *his*, *her*, *its*. — Formation du pluriel dans les substantifs réguliers et irréguliers. — Adjectifs. — Degrés de comparaison. — Noms de nombre. — Verbes auxiliaires ; verbes réguliers ; verbes irréguliers très usités. — Les mots invariables les plus usuels.

EXERCICES.

Exercices de lecture et de conversation.
Explication et récitation d'auteurs élémentaires.
Phrases très faciles.

AUTEURS INDIQUÉS.

Allemands.

Morceaux choisis de prose et de poésie.

Anglais.

Morceaux choisis.
Miss Edgeworth : *Contes choisis,*

DESSIN.

Même programme que pour la classe préparatoire.

CLASSE DE SEPTIÈME.

LANGUE FRANÇAISE.

Revision. — Exercices sur l'accord des mots.

Analyse de la proposition. — Remplacer un complément par une proposition, et réciproquement.

Petites rédactions sur des sujets d'histoire naturelle, de géographie descriptive, d'histoire, etc.

HISTOIRE.

HISTOIRE DE FRANCE DEPUIS L'AVÈNEMENT D'HENRI IV JUSQU'A NOS JOURS.

Henri IV et Sully. — Minorité de Louis XIII.

Richelieu. — Lutte contre les protestants. Guerre de Trente ans.

Louis XIV. — Mazarin. Traités de Westphalie et des Pyrénées.

Colbert et Louvois. — Guerres de Louis XIV. Traités d'Aix-la-Chapelle et de Nimègue.

Fin du règne de Louis XIV. — Révocation de l'édit de Nantes. — Guerres de la ligue d'Augsbourg et de la succession d'Espagne. — Les écrivains, les savants et les artistes du siècle de Louis XIV.

Règne de Louis XV. — Le duc d'Orléans et le cardinal de Fleury. Guerres de la succession de Pologne, de la succession d'Autriche et guerre de Sept ans. Les grands écrivains du XVIIIe siècle.

Louis XVI. — Turgot et Malesherbes. Etat de la France en 1789.

La Révolution française. — Assemblées constituante et législative.

La Convention. La République. Guerres de la République, Paix de Bâle.

Le Directoire. — Campagne d'Italie. Expédition d'Egypte. 18 brumaire.

Le Consulat. — Paix de Lunéville et d'Amiens.

L'Empire. — Austerlitz, Iéna, Friedland.

Guerres d'Espagne, de Russie, d'Allemagne et de France. Chute de l'Empire.

Les deux Restaurations. — Louis XVIII. Charles X.

Règne de Louis-Philippe. — Conquête de l'Algérie. République de 1848.

Le second Empire. — Guerres de Crimée et d'Italie. Guerre de 1870.

La troisième République. — La Constitution de 1875.

GÉOGRAPHIE.

GÉOGRAPHIE ÉLÉMENTAIRE DE LA FRANCE.

Configuration, dimensions et superficie.

Description des côtes, mers, golfes, détroits, caps, îles; principaux ports; ports militaires et ports de commerce.

Frontières de terre : la frontière de l'Est avant et depuis 1871.

Description des montagnes : Alpes, Jura, Vosges, Cévennes et massif central, Pyrénées. — Chaînes (sommets et cols), plateaux, grandes plaines.

Les grands bassins : Rhône, Garonne, Loire, Seine, Somme, Escaut, Meuse et Rhin.

Anciennes provinces : départements par provinces, chefs-lieux, villes principales.

Étude particulière du département et de la province : description physique ; curiosités naturelles; principales productions; grandes manufactures; lieux et personnages célèbres.

(Éléments de dessin géographique à l'aide de la carte et du tableau noir.)

SCIENCES.

ARITHMÉTIQUE ET GÉOMÉTRIE.

Calcul des nombres entiers et des nombres décimaux.

Système métrique.

Tracé de figures géométriques. Notions sur les solides, enseignées au moyen de modèles en relief.

ÉLÉMENTS D'HISTOIRE NATURELLE DES PIERRES ET DES TERRAINS.

Pierres.

Pierres qui font effervescence avec les acides (le vinaigre). *Calcaire* : pierre à bâtir, marbre, craie. — Action de la chaleur sur le calcaire : fours à chaux, chaux ; ses usages ; mortier.

Pierres qui ne font pas effervescence avec les acides. Pierre à plâtre : action de la chaleur, plâtre, propriétés du plâtre.

Argile : plasticité de l'argile; l'argile perd sa plasticité par l'action d'une température élevée; briques, poteries, faïence, porcelaine.

Pierres siliceuses : cristal de roche, agate, silex, pierre à fusil, pierres meulières, grès.

Granit. Structure complexe du granit,

Sables et cailloux roulés.

Terre végétale.

Débris de roches mêlés à des détritus d'origine organique; humus.

Terres légères et sablonneuses, perméables à l'eau et à l'air.

Terres fortes et argileuses, plus ou moins imperméables; marnes.

Amendements. Engrais.

Eau.

Eau des mers, des lacs, des rivières.

Glaces du pôle. — Glaciers.

Torrents. — Ravinements. — Effets du déboisement des montagnes. — Creusement des vallées. — Dépôts de sable et de vase.

Infiltration des eaux pluviales dans les sols perméables. — Sources. — Puits.

Terrains.

Terrains de sédiment. — Fossiles.

Terrains ignés. — Volcans.

Carrières et mines. — Exploitation à ciel ouvert et par galeries.

Carrières de pierres calcaires, de marbre, de plâtre, d'ardoises.

Mines de houille : origine végétale de la houille. — Graphite : crayons. — Diamant.

Mines de sel gemme et sources salées.

Mines d'or, d'argent, de plomb, de cuivre, de fer. — Echantillons de minerais.

PREMIERS ÉLÉMENTS DES SCIENCES EXPÉRIMENTALES.

Description et explication des principaux phénomènes.

Poids. — Balances.

L'eau.

Vases communiquants. — Applications.

Corps flottants.

Glace. — Vapeur d'eau ; sa présence dans l'atmosphère. — Pluie.

Sources. — Eaux potables.

Exemples de dilatation des corps par la chaleur. — Thermomètre.

Pression atmosphérique. — Vent.

Orages. — Foudre.

Le soleil, source de chaleur et de lumière.

Corps bons ou mauvais conducteurs. — Les vêtements.

L'air. — Son rôle dans l'oxydation des métaux et la combustion. — Chauffage. — Eclairage.

Pain. — Vin. — Vinaigre. — Huile. — Sucre. — Savon.

LANGUES VIVANTES.

ÉLÉMENTS DE GRAMMAIRE.

Grammaire allemande.

Revision. — Déclinaison du substantif avec les principales exceptions. — Particularités de la déclinaison des adjectifs. — Les verbes forts les plus usités ; les auxiliaires de modes. Indications sommaires sur les verbes séparables et inséparables. — Noms de temps et de mesures. — Noms de nombre. — Pronoms. — Manière de traduire *son*, *sa*, *ses* et les pronoms *dont*, *en*, *y*. — Règles de construction.

Grammaire anglaise.

Revision. — Prononciation. — Insister sur l'accent tonique. — Pluriel irrégulier. — Verbes irréguliers usuels. — Verbes réfléchis, impersonnels, passifs. — Insister sur la conjugaison affirmative , interrogative , négative. — Mots invariables. — Cas possessif.

Exercices.

Explication et récitation d'auteurs élémentaires.

Exercices de lecture et de conversation.

Phrases usuelles sur les principes étudiés.

Allemands.

Morceaux choisis.
Paraboles de Krümmacher.

Anglais.

Morceaux choisis.
Day : *Sandford et Merton.*
Miss Edgeworth. *Contes choisis.*

DESSIN.

Même programme que pour la classe préparatoire.

DIVISION DE GRAMMAIRE.

CLASSE DE SIXIÈME.

LANGUE FRANÇAISE.

Revision. — Exercices de langage (discours direct et indirect, proposition conditionnelle, etc).

Composition sur des sujets familiers aux élèves.

Langue latine.

Ce programme, pour les classes de sixième, cinquième et quatrième, doit être considéré comme un sommaire des notions que l'élève devra posséder à la fin de l'année, et non comme une indication de la marche à suivre par le professeur.

Lecture. — Voyelles brèves et longues. — Diphtongues. — Syllabes marquées de l'accent tonique. — Différentes sortes de consonnes.

Le nom, l'adjectif, les pronoms. — Degrés de comparaison. — Noms de nombre. — Le verbe substantif. — Conjugaison régulière de l'actif et du passif. — Verbes déponents. — Principales particules indéclinables.

Premiers éléments de syntaxe générale. — Syntaxe d'accord. — Emplois principaux des cas. — Complément direct et indirect des verbes. — Proposition infinitive. Propositions secondaires.

Indications sur la manière de traduire une phrase latine. — Les élèves seront exercés en classe à reconnaître la construction, à distinguer le verbe, le sujet, le complément.

Petits exercices instantanés de traduction en latin, faits par écrit en classe. — Le professeur lit lentement une phrase française dont tous les mots ont déjà été vus des élèves, et ceux-ci écrivent immédiatement la phrase en latin.

Thème oral au tableau.

HISTOIRE ANCIENNE.

Première partie. — Histoire de l'Orient.

Monde connu des anciens.

Description de l'ancienne Egypte. — Le Nil. L'ancien empire. Le moyen empire. Invasion des Pasteurs. Le nouvel empire. Monuments, religion, mœurs et coutumes. Les systèmes d'écriture. Les découvertes de Champollion et de Mariette.

Assyriens et Babyloniens. — La région du Tigre et de l'Euphrate. Temps primitifs. La dynastie des Sargonides. Le nouvel empire chaldéen. Monuments, religion, mœurs et coutumes.

Géographie de la Palestine. — Les Israélites en Egypte et dans la Terre promise. Moïse. Les Juges. Le royaume de David et de Salomon. Schisme des dix tribus. Destruction des deux royaumes.

Géographie de la Phénicie. — Sidon et Tyr. Le commerce maritime et terrestre, les colonies. Fondation de Carthage. L'alphabet.

Les Aryas primitifs. Les Aryas de l'Inde. Les Védas. — La société brahmanique. Lois de Manou. Le boudhisme.

Les Iraniens. — Zoroastre. L'empire Mède. L'empire Perse. Cyrus, Cambyse et Darius. Organisation de l'empire de Darius. — Mœurs, coutumes, écriture, monuments des Perses.

GÉOGRAPHIE.

Géographie générale de l'Europe et du bassin de la Méditerranée.

Configuration, limites et dimensions de l'Europe. — Mers qui la baignent. La Méditerranée : grandes divisions, golfes, détroits, îles, archipels, presqu'îles, caps.

Relief du sol européen, chaînes de montagnes. — Description des principales chaînes (altitude, neiges perpétuelles, glaciers, cols, vallées, plantes et animaux caractéristiques), volcans, plateaux, grandes plaines.

Eaux. — Versant de la Caspienne et de la Méditerranée. — Versant de l'Atlantique et de l'Océan glacial. — Description des fleuves les plus importants. — Lacs et régions marécageuses.

Les États de l'Europe (moins la France), capitales, grandes divisions et villes principales.

Les pays riverains de la Méditerranée situés hors d'Europe : description sommaire de l'Asie Mineure, la Syrie, la Palestine, l'Egypte, Tripoli, la région de l'Atlas (Tunisie, Algérie, Maroc).

SCIENCES.

ARITHMÉTIQUE.

Revision des opérations sur les nombres entiers.

Preuves de ces opérations.

Fractions ordinaires. — Réduction de plusieurs fractions au même dénominateur. Opérations sur les fractions.

Nombres décimaux. — Opérations.

NOTIONS SUR LA SPHÈRE.

Définition de la sphère. — Centre; diamètre. — Tracer des cercles sur la sphère.

Rondeur de la terre. — Verticale. Horizon. Lever et coucher des astres.

Points cardinaux.

Pôles, méridiens, parallèles et équateur terrestre. — Longitudes et latitudes géographiques.

NOTIONS ÉLÉMENTAIRES DE PHYSIQUE ET DE CHIMIE (1).

PHYSIQUE.

Chute des corps. — Fil à plomb.

Poids. — Balance.

----

(1) Une heure et demie par semaine pour la physique et la chimie.

Propriétés des corps à l'état liquide.

Surface libre des liquides au repos. — Vases communiquants.
Pressions sur les parois des vases.

Propriétés des corps à l'état gazeux.

Élasticité des gaz.
Pression atmosphérique. — Baromètre.

Chaleur.

Dilatation des corps par la chaleur. — Thermomètre.
Fusion et solidification. — Glace. — Neige.
Vaporisation. — Pluie. — Rosée.
Machine à vapeur,
Conductibilité des corps.

Électricité. — Magnétisme.

Production d'électricité par le frottement.
Description de la machine électrique.—Effets mécaniques, ca-
lorifiques et lumineux.
Foudre. — Paratonnerre.
Aimants. — Boussole.
Description de la pile. — Ses effets calorifiques, chimiques et
lumineux.

Acoustique.

Production et propagation du son. — Vitesse du son.

Optique.

Propagation de la lumière en ligne droite. — Ombres.
Réflexion de la lumière sur les miroirs plans.
La lumière solaire, les couleurs du spectre.

CHIMIE.

Eau : Oxygène et hydrogène.
Air : Oxygène et azote.

Corps simples et composés.

Charbon. — Acide carbonique.
Soufre. — Phosphore. — Chlore.
Silice.

Notions sommaires sur les acides, les métaux usuels, les bases, les sels et les matières organiques.

LANGUES VIVANTES.

GRAMMAIRE.

Grammaire allemande.

Revision. — Déclinaison complète du substantif. — Comparatif de supériorité, d'égalité et d'infériorité. — Comparatif formé avec *mehr*. Superlatif relatif et absolu. — Verbes forts. — Rôle de l'inflexion dans les noms et dans les verbes forts. — Verbes pronominaux, passifs et impersonnels.— Préposition devant l'infinitif. — Syntaxe du verbe.

Grammaire anglaise.

Revision. — Prononciation et accent tonique. — Insister sur les auxiliaires de modes et de temps : *Shall, will, do, let, may, can, ought, must.* — Continuation des verbes irréguliers. — Manière de traduire *dont* et quelques pronoms indéfinis. — Pronoms relatifs. — Mots invariables.

EXERCICES.

Explication et récitation d'auteurs.
Exercices de lecture et de conversation.
Thème, surtout oral.
Version, surtout orale.

AUTEURS INDIQUÉS.

Allemands.

Morceaux choisis.
Campe : *Le jeune Robinson.*
Herder et Liebeskind : *Feuilles de palmier.*
Musæus : *Contes choisis.*

Anglais.

Morceaux choisis.
Miss Edgeworh : *Contes choisis.*
Aikin et Barbauld : *Soirées au logis.*
Miss Corner : *Histoire d'Angleterre.*

DESSIN.

§ 1. — Représentation géométrale, au trait, et représentation perspective avec les ombres, de solides géométriques et d'objets usuels simples.

§ 2. — Dessin d'après des ornements en relief empruntant leurs éléments à des formes non vivantes, telles que : moulures, oves, rais de cœur, perles, denticules, etc.

§ 3. — Dessin d'après des ornements en bas-relief empruntant leurs éléments à des formes vivantes, telles que : feuilles et fleurs ornementales, palmettes, rinceaux, etc.

§ 4. — Dessin d'après des fragments d'architecture, tels que : dés, piédestaux, bases et fûts de colonnes, antes, corniches.

§ 5. — Dessin de la tête humaine. — Premières notions sur sa structure générale et sur les proportions de ses différentes parties.

Nota. Dans le courant de ces deux années et de l'année suivante, quelques leçons seront réservées pour l'exécution de dessins d'architecture à l'aide de la règle et du compas.

CLASSE DE CINQUIÈME.

LANGUE FRANÇAISE.

Revision. — Exercices de style. — Synonymes.

Réunir différentes propositions en une seule phrase.

Traduction en français moderne de passages d'auteurs du XVIᵉ siècle.

Composition sur des sujets à développer d'après une lecture faite en classe.

LANGUE LATINE.

Revision. — Déclinaison irrégulière. — Comparatifs et superlatifs irréguliers. — Étude détaillée des pronoms. — Conjugaison régulière et irrégulière.

Procédés de dérivation et de composition des mots : Mots simples.

Groupement des mots dérivés et composés (1). Étude sur les significations accessoires exprimées par les préfixes et les suffixes. — Groupement des mots d'après leur formation. — Groupement des mots d'après leur sens (synonymes).

Récapitulation de la syntaxe d'accord. — Valeur et usage des modes. Les diverses espèces de propositions subordonnées. — Principales conjonctions. — Adverbes et prépositions.

Exercices instantanés de traduction du français en latin. — Reproduction de mémoire des morceaux expliqués en classe. — Thème écrit.

Explication des auteurs. Le professeur indiquera les passages qui doivent être préparés par écrit.

Éléments de prosodie. — Étude des pieds les plus usités. — Vers hexamètres à scander.

HISTOIRE.

Histoire de la Grèce.

Géographie de la Grèce ancienne et du littoral de la Méditerranée.

La race hellénique. La religion; les légendes; la guerre de Troie; l'oracle de Delphes; les amphictyonies; les jeux olympiques.

Colonies grecques en Asie. Le commerce et les arts en Ionie.

Invasion des Doriens. Extension de la race grecque en Italie, en Sicile, en Afrique.

Sparte; ses institutions sociales et militaires; les rois, le sénat, les éphores.

Athènes; l'ancienne royauté; les Eupatrides et l'Archontat; l'Aréopage. — Constitution de Solon. — Pisistrate et Clisthènes. Les stratèges.

Guerres médiques.

---

(1) Voici des exemples de ces différentes sortes de groupements : *Signum, signo, designo, significo, insignis, antesignanus.* — *Verto, versor, adverto, adversus, adversarius, controversia, diversitas, perversus, transversus, divortium, versus, versutus.* — *Patrimonium, matrimonium, testimonium.* — *Edax, loquax, pertinax, perspicax, etc.* — *Lis, forum, causa, jus, reus, etc.*

Périclès; changements dans la constitution. L'assemblée du peuple; le conseil des Cinq-Cents; les Héliastes.

Les arts à Athènes; constructions et principaux monuments; l'Acropole. — Les lettres; le théâtre et la chorégie. Les orateurs.

Guerre du Péloponèse. Les Quatre cents et les Trente. Mort de Socrate.

Puissance de Sparte après la guerre du Péloponèse. Expédition de Cyrus et Retraite des Dix mille. Agésilas. Traité d'Antalcidas.

Puissance de Thèbes. Épaminondas.

Puissance de la Macédoine. Philippe. Démosthène et Eschine. Hégémonie macédonienne.

Alexandre. Conquête de l'Asie. Fondation d'Alexandrie. Étendue de l'empire macédonien à la mort d'Alexandre.

Histoire sommaire de l'Egypte sous les Lagides et de la Syrie sous les Séleucides. Diffusion de l'esprit grec en Orient: le commerce; les lettres et les écoles à Alexandrie et à Pergame.

La Ligue achéenne et la ligue étolienne; Aratus et Philopœmen. Conquête de la Macédoine et de la Grèce par les Romains. Diffusion de l'esprit grec en Occident.

GÉOGRAPHIE.

Géographie de l'Afrique, de l'Asie, de l'Océanie et de l'Amérique.

Globe terrestre : représentation du globe sur une mappemonde; d'un pays sur une carte.

La mer : superficie et profondeur; les marées. — Décrire les cinq océans.

Afrique, Asie, Océanie, Amérique : Géographie physique; configuration et dimensions; mers, îles, caps, détroits. — Chaînes de montagnes, plateaux et grandes plaines, fleuves, rivières, lacs. — Énumération des principaux États : capitales, villes importantes et grands ports de commerce.

Possessions des Européens.

SCIENCES.

ARITHMÉTIQUE.

Revision.

Revision détaillée du système métrique.

Conversion des anciennes mesures françaises et des principales mesures étrangères en mesures nouvelles.

Mesure du temps : jour, mois, année.

Rapports. — Proportions.

Règle de trois.

Intérêt. — Escompte. — Rente.

Règles de mélange, d'alliage.

GÉOMÉTRIE USUELLE.

Mesure des surfaces et des volumes les plus simples.

Ce que c'est que mesurer une grandeur.

Mesure de la longueur d'une ligne droite. — Comment on mesure une droite sur le terrain.

Mesure de la longueur d'une circonférence.

Aire du carré, du rectangle, du parallélogramme, du triangle, du trapèze, d'un polygone quelconque. — Comment on évalue la surface d'un terrain. — Équerre d'arpenteur.

Aire du cercle.

Volume d'un cube, d'un parallélipipède rectangle, d'un prisme droit.

Surface et volume du cylindre circulaire droit.

Surface et volume de la sphère.

Applications. — Déterminer le poids d'un corps solide dont on connaît le volume et le poids spécifique.

Zoologie (1).

Variété du règne animal ; divisions. — L'homme. — Espèces animales sauvages; espèces domestiques ; espèces éteintes. Familles. Classes.

Vertébrés : idée du squelette.

-----

(1) Une heure par semaine.

Invertébrés : division en articulés, mollusques, vers, polypiers, animaux microscopiques.

Vertébrés. — *Classe de Mammifères.* — Pelage; allaitement ; variétés de forme.

Anatomie sommaire de l'homme ou d'un animal domestique. Principaux appareils et leurs fonctions.

Singes, forme des membres ; singes anthropoïdes ; singes de l'ancien et du nouveau continent.

Chauves-souris ; modifications du membre antérieur; mœurs.

Insectivores ; hérisson ; taupe, ses mœurs.

Rongeurs. Principaux rongeurs. Le castor, ses mœurs.

Animaux carnassiers : 1° marchant sur la plante des pieds: l'ours; la loutre, ses pieds palmés ; 2° marchant sur les doigts : le chien (conformation des membres, origine, variétés, domestication ; chiens de garde, de berger, de trait).

Lions, tigres, chats : analogie de forme, habitat.

Éléphants : description, habitat; ivoire. Mammouth.

Cheval, âne ; conformation des extrémités, mors, ferrure.

Ruminants : conformation des extrémités ; bœufs, cerfs ; cornes, bois.

Rumination. Les animaux domestiques : la vache, le mouton ; le lait, la laine.

Les phoques.

Les cétacés ; les baleines, véritables mammifères ; taille, pêche, huiles, fanons.

Classe des Oiseaux. Organisation. Bec, plumes, pattes, ailes. Vol. Instincts. Migrations.

Oiseaux de proie diurnes : aigles, faucons, vautours.

Oiseaux de proie nocturnes : chouettes, hibous.

Échassiers : grues, marabouts, cigognes.

Passereaux : alimentation variable ; oiseaux utiles et nuisibles. Moineaux, corbeaux, hirondelles, oiseaux de paradis, oiseaux-mouches.

Grimpeurs, perroquets.

Palmipèdes : cygnes, oies, canards, mouettes, pélicans.

Gallinacés : faisan, coq, paon, dindon.

Pigeons.

Oiseaux coureurs impropres au vol : autruche, nandou, casoar.

Classe des Reptiles. Formes diverses.

Tortues; crocodiles et lézards ; serpents.

Classe des Batraciens, peau nue. Avec ou sans queue.

Métamorphoses de la grenouille.

Venin du crapaud.

Classe des Poissons. Vie et respiration aquatiques ; ouïes,
Mode de progression, queue, nageoires, écailles.

Poissons osseux : la morue ; pêches de Terre-Neuve, salaison ;
le hareng ; le maquereau ; la sardine, pêche des côtes de Bretagne.

Poissons cartilagineux : la raie et les requins. — Poissons électriques : la torpille.

Pisciculture.

Articulés. Division : insectes, mille-pattes, araignées, crustacés.

Insectes : organisation (notions sommaires); nombre des
pattes ; ailes ; métamorphoses.

Disposition des mâchoires.

Insectes suceurs : puceron ; phylloxera ; punaise ; cochenille ;
carmin ; gales des arbres.

Insectes lumineux : vers luisants.

Insectes chanteurs : la cigale, la sauterelle, le grillon.

Papillon ; histoire du ver à soie ; chenilles ; mues ; chrysalides ;
cocons ; maladies des vers à soie.

Petits papillons : teignes, pyrale.

Coléoptères : hanneton, calandres, cerf-volant.

Fourmis : mœurs; termites, éphémères,

Abeilles : la ruche, le miel, la cire.

Insectes n'ayant que deux ailes : mouche, larve; cousin.

Crustacés aquatiques: le crabe, l'écrevisse, la crevette.

Organisation de l'écrevisse (notions sommaires).

Crustacés terrestres : cloportes.

Araignées. Nombre des pattes ambulatoires : crochets, fil, toile, instincts.

Scorpions.

Animal de la gale ; animaux parasites ; mites du fromage.

MOLLUSQUES.— Le poulpe ; organisation (notions sommaires). Os de seiche. Argonaute, Limace, escargot (anatomie sommaire : poumon, coquille, opercule).

L'huître et la moule ; coquille à deux valves ; adhérence aux corps extérieurs ; ostréiculture.

Huître perlière, nacre ; perles, pêches, fausses perles.

Le taret et les digues.

VERS. Ver de terre, sangsue.

Vers intestinaux : ascaride, ténia. Trichine.

ANIMAUX RAYONNÉS.— Apparence rayonnée des oursins et des étoiles de mer.

Les méduses, les anémones de mer ; urtication.

Les polypiers et leurs animaux, le corail, les îles madréporiques.

Notions élémentaires sur les éponges ; pêche.

Notions très élémentaires sur les animaux dits *infusoires* ; phosphorescence de la mer.

Idée générale des groupements zoologiques. Types.

LANGUES VIVANTES.

GRAMMAIRE (continuation).

Grammaire allemande.

Revision. — Syntaxe de l'article, du nom et de l'adjectif. — Déclinaison des substantifs étrangers. — Déclinaison des noms propres. — Étude plus détaillée des verbes composés. — Influence des préfixes et des particules sur la conjugaison et sur l'acception du verbe. — Particules tantôt séparables, tantôt inséparables.— Verbes composés avec des noms et des adjectifs.— Les parties invariables du discours.

Grammaire anglaise.

Revision — Règles de prononciation. — Syntaxe de l'article, du nom et de l'adjectif. — Verbes composés. — Influence des particules sur l'acception des verbes. — Verbes irréguliers. — — Adverbes et prépositions.

EXERCICES.

Explication et récitation d'auteurs.
Exercices de lecture et de conversation.
Thème.
Version.

AUTEURS INDIQUÉS.

Allemands.

Morceaux choisis.
Niebuhr : *Histoire héroïque de la Grèce.*
Grimm : *Contes populaires.*
Andersen : *Contes enfantins.*

Anglais.

Morceaux choisis.
Walter Scott : *Récits d'un grand-père.*
Hughes : *Les Jours de classe de Tom Brown.*
Voyages du capitaine Cook.
Miss Corner : *Histoire de Grèce.*

DESSIN.

Même programme que pour la classe de sixième.

CLASSE DE QUATRIÈME.

LANGUE FRANÇAISE.

Revision.
Notions élémentaires sur l'histoire de la langue française. — Mots d'origine populaire, savante, étrangère. — Persistance de l'accent tonique dans les mots d'origine populaire. — Mots tirés du latin par les savants, souvent en opposition avec les règles de l'accent tonique. — Doublets.

Différences essentielles de la construction française et de la construction latine.

Composition sur des sujets à développer librement.

LANGUE LATINE.

Revision du cours de cinquième, en insistant sur la syntaxe particulière. — Gallicismes et latinismes. — Principales figures de grammaire.

Continuation des exercices sur le vocabulaire.

Thème oral et écrit. La construction latine comparée à la construction française. Exemples tirés des écrivains.

Explications des auteurs. Les élèves seront encouragés à faire en dehors de la classe des lectures supplémentaires : les auteurs de l'année précédente peuvent être employés pour cette lecture privée.

Éléments d'histoire littéraire à l'occasion des textes expliqués : ces notions trouveront surtout leur place au moment où la classe prend en main un auteur nouveau.

Revision générale de la prosodie. — Vers hexamètres et pentamètres à retourner.

Règles de l'accent tonique.

LANGUE GRECQUE.

Lecture. — Écriture. — Voyelles brèves et longues. — Diphtongues. — Accent tonique. Les élèves seront exercés à le noter par écrit et à le faire sentir dans la prononciation. — Différentes sortes de consonnes. — Esprits.

Déclinaison. — Adjectifs. — Degrés de comparaison. — Noms de nombre. — Pronoms. — Verbe substantif. — Verbes en ω à l'actif, au passif et au moyen.

Éléments de la syntaxe.

Exercices sur le vocabulaire, d'après les mêmes principes que pour le latin. (Voir le programme de la cinquième pour le latin.)

Distinguer les mots grecs et latins d'origine commune de ceux que le latin a tirés du grec par voie d'emprunt. — Insister sur les mots grecs qui ont passé en français.

Thème instantané. — Traduction de mémoire en grec des morceaux expliqués.

HISTOIRE ROMAINE.

Géographie de l'Italie. Anciennes populations. Les Etrusques. Les colonies grecques.

Fondation de Rome. Institutions primitives : le patriciat, la plèbe, la clientèle. Les rois et le sénat. Notions sur la religion romaine.

Abolition de la royauté. Le consulat ; la dictature : lutte entre les deux ordres. Le tribunat. Comices par curies, par centuries, par tribus.

Législation des décemvirs. La censure, la préture. Egalité entre les deux ordres et formation de la noblesse.

Histoire extérieure de Rome : énumération rapide des guerres contre les Latins, les Sabins, les Etrusques, les Gaulois, les Samnites, Pyrrhus. — Organisation militaire des Romains; colonies romaines. — Guerres contre Carthage. — Conquêtes en Orient: réduction de la Macédoine et de la Grèce en provinces et acquisition du royaume de Pergame. — Conquêtes en Occident: formation des provinces de Gaule Cisalpine, d'Espagne, de Gaule Narbonnaise. — Jugurtha. — L'invasion des Cimbres. — Guerres contre Mithridate. — Mode d'administration des provinces sous le gouvernement républicain.

Histoire intérieure de Rome. Conséquences des conquêtes. Puissance de la noblesse et richesse de l'ordre équestre, L'*Ager publicus*. Les lois agraires. Tentative de Tiberius Gracchus. Loi judiciaire et loi frumentaire de Caïus Gracchus.

Guerre sociale. Extension du droit de cité à l'Italie; le *Jus Latii* et le *Jus italicum*.

Guerre civile de Marius et de Sylla; lois cornéliennes. Sertorius. Spartacus.

Pompée. Cicéron. La loi de Rullus. Catilina.

Premier triumvirat. Consulat de César.

Conquête de la Gaule. Guerre civile. Dictature de César; ses réformes et ses projets.

Octave et Antoine ; fin du gouvernement républicain.

Auguste. Organisation du gouvernement nouveau. Administration des provinces. Bornes de l'Empire.

Lettres et arts à Rome depuis la mort de Sylla jusqu'à la mort d'Auguste. Monuments, commerce et routes.

Empereurs de la famille d'Auguste. Premières luttes contre les Germains. Conquête de la Bretagne.

Les *Flavii*. Ruine de Jérusalem. Conquêtes de Trajan. Hadrien.

Les Antonins. Gouvernement intérieur ; le sénat et le consistoire. Administration des provinces. Les grands jurisconsultes. Extension du droit de cité romaine. Lettres et arts depuis la mort d'Auguste jusqu'au règne de Marc-Aurèle. Développement du christianisme.

Les empereurs syriens. Anarchie militaire. Aurélien. Probus.

Dioclétien. Changements dans le gouvernement et dans l'administration.

Constantin. Fondation de Constantinople. Concile de Nicée ; organisation de l'Église chrétienne.

Tentative de Julien. Luttes contre les Germains et les Perses. Règne de Théodose.

GÉOGRAPHIE.

Géographie de la France.

(Exercices de lecture et de dessin de la carte de France : longitude, latitude, échelle, réduction, hachures, courbes de niveau.)

Configuration et dimensions de la France ; superficie.

Mers et côtes ; golfes, îles, presqu'îles, caps, dunes, falaises, plages, côtes rocheuses, marais salants, lagunes, principaux ports.

Frontières de terre et de mer ; pertes territoriales de la France en 1871.

Relief du sol : chaînes de montagnes, massifs, plateaux et plaines (altitude, neiges perpétuelles, glaciers).

Eaux : versants et bassins, fleuves et affluents, lacs, étangs, marais.

Climat et principales productions.

Géographie politique : anciennes provinces, départements, chefs-lieux, villes importantes.

Canaux. — Principales lignes de chemins de fer.

Algérie. — Possessions coloniales de la France.

SCIENCES.

ARITHMÉTIQUE (1).

Revision.

Théories de l'addition, de la soustraction et de la multiplication des nombres entiers.

Théorèmes les plus simples relatifs à la multiplication.

Théorie de la division des nombres entiers.

Caractères de divisibilité par 2, 5, 4, 9 et 3.

Carré et racine carrée. — Formation d'une table de carrés.

GÉOMÉTRIE.

Ligne droite et plan.

Ligne brisée. — Ligne courbe.

Angle. — Angle droit. — Perpendiculaire.

Triangle. — Cas principaux d'égalité des triangles.

Principales propriétés des perpendiculaires et des obliques.

Cas d'égalité des triangles rectangles.

Théorie des parallèles. — Parallélogrammes.

Circonférence. — Intersection et contact.

Dépendance mutuelle des cordes et des arcs.

Tangente.

Mesure des angles.

GÉOLOGIE.

(A.) — Modification continue du sol.

Dégradation des roches par l'action de l'eau et de l'air. Recul des falaises de la Manche. — Creusement des vallées. — Dépôt de sable, de vase. — Formation des deltas. — Désagrégation des roches granitiques ; argile, kaolin.

---

(1) Deux heures par semaine pour l'arithmétique et la géométrie.

Glaciers. — Moraines. — Blocs erratiques.

Dunes.

Sources thermales ; leurs dépôts. — Origine des filons métallifères.

Volcans. — Origine des filons de roches. — Métamorphisme de contact.

Soulèvements et affaissements lents.

Tremblements de terre. — Failles.

(B.) — Notions sur les principales roches, les principaux terrains et les principales périodes géologiques.

Roches ignées fondamentales. — Roches stratifiées ou de sédiment. — Roches ignées intercalées.

Utilité des fossiles (animaux et végétaux) pour caractériser les terrains et les étages. — Mollusques d'eau douce ; mollusques marins.

Terrains primaires et de transition. — Mollusques, crustacés et poissons.

Terrain silurien. — Ardoises.

Terrain dévonien. — Marbres des Pyrénées.

Terrain houiller. — Distribution des dépôts houillers. — Origine et exploitation de la houille.

Terrains secondaires. — Ammonites. — Bélemnites. — Grands reptiles. — Premiers mammifères.

Terrain triasique. — Amas de sel gemme et de gypse.

Terrains jurassiques. — Marbres compactes, calcaires oolithiques.

Terrain crétacé. — Nature de la craie. — Nodules de silex, de pyrite et de phosphate de chaux.

Terrains tertiaires. — Nummulites et cérithes. — Mammifères.

Pierre à plâtre de Paris. — Faluns de Touraine et d'Aquitaine. — Volcans éteints de l'Auvergne.

Terrains quaternaires. — Diluvium. — Période glaciaire. — Apparition des animaux et des végétaux actuels. — Homme préhistorique ; cavernes à ossements ; armes et instruments primitifs.

Étude de la carte géologique de France dans ses traits principaux. — Histoire de la formation du sol de la France.

BOTANIQUE.

Le professeur considérera successivement dans la série végétale :

La racine ;

La tige ;

La feuille et les stipules ;

Les glandes, les poils, les vrilles, les calicules, les involucres ; l'inflorescence ; la corolle, les étamines envisagées notamment dans leur nombre, leur position ou symétrie, leur insertion ; le pistil et ses parties diverses (ovaire, styles, stigmates, placentas, ovules), le fruit et la graine.

Sans approfondir les questions de physiologie végétale, le professeur devra cependant indiquer d'une façon sommaire les fonctions des diverses parties des plantes, après qu'il en aura décrit les caractères organographiques.

Il fera comprendre, par des exemples, ce qu'on entend par embranchement, classe, famille, tribu, genre, espèce, variété. Il prendra comme types les familles les plus importantes ou les plus remarquables par leur organisation, par les avantages ou les dangers que présentent les espèces qui les composent. Ces familles devront être choisies dans la liste suivante :

DICOTYLÉDONES.

GAMOPÉTALES HYPOGYNES.

Apocynées. — Poisons redoutables dans la tribu des strychnées.

Convolvulacées. — Racines ordinairement purgatives, alimentaires dans la patate.

Solanées. — Généralement vénéneuses (tabac, belladone, mandragore, jusquiame, etc.) ; alimentaires dans la pomme de terre, l'aubergine, la tomate.

Scrofularinées. — Toxiques (digitale) ; purgatives (gratiole ou herbe au pauvre homme) ou inertes (muflier, véronique) ; toute une tribu (rhinanthacées) formée d'espèces parasites sur les céréales ou les graminées des prairies.

Borraginées ou *aspérifoliées*. — Remarquables par leur inflorescence scorpioïde ; racines souvent tinctoriales.

Labiées. — (Aromatiques, riches en huiles essentielles, objet d'un commerce important) menthe, lavande, etc.

Primulacées. — L'anagallis passe pour vénéneux, ainsi que la nummulaire ; l'oreille-d'ours des Alpes et la primevère à grandes fleurs sont ornementales.

GAMOPÉTALES PÉRIGYNES.

Rubiacées. — Elles donnent le café, le quinquina, la garance.

Synanthérées. — Plusieurs espèces sont alimentaires (artichaut, cardon, scorsonère, laitues et chicorées) ; les graines huileuses du grand soleil servent à engraisser les volailles ; celles du *madia sativa* sont l'objet d'un important commerce.

Campanulacées. — Plusieurs espèces ornementales, d'autres alimentaires. La tribu des lobéliacées renferme des sucs d'une brûlante âcreté.

Caprifoliacées. — Plantes surtout ornementales.

DIALYPÉTALES.

Ombellifères. — Plantes ordinairement aromatiques et alimentaires (carotte, panais, persil, cerfeuil, angélique), parfois d'odeur désagréable et malfaisante ; la petite (souvent spontanée dans nos jardins) et la grande ciguë, l'œnanthe safranée, etc.

Cucurbitacées. — Doux aliments (potiron, melon, concombre), ou dangereux purgatifs (bryone, coloquinte, élatérie.)

Légumineuses. — Aliments importants pour l'homme (pois, fèves, haricots, etc.) et les animaux (trèfle, luzerne, etc.) ; donnent les gommes arabique et du Sénégal ; parfois violents poisons (fève du Calabar).

C'est aux légumineuses qu'appartiennent les plantes les plus remarquables par les phénomènes de sommeil et d'irritabilité que présentent leurs feuilles (sensitive, etc.).

Rosacées. — Elles donnent la plupart des fruits des vergers et des jardins (pomme, poire, pêche, abricot, amande, prune, cerise, fraise, framboise) ; les plus belles plantes ornementales (rosier, spirées, etc.); le laurier-cerise, le pêcher, le cerisier de Sainte-Lucie produisent un poison terrible : l'acide prussique, et de l'essence d'amandes amères par leurs feuilles; la pêche, la cerise, la prune, l'abricot, l'amande amère, renferment ce poison dans leurs graines.

Rutacées. — Plantes odorantes; telle est l'abondance de la vapeur d'huile essentielle exhalée par la fraxinelle, qu'elle peut être enflammée par une allumette approchée des fleurs.

Aurantiacées. — Fruits alimentaires; glandes à essence dans toutes les parties de la plante.

Malvacées. — Plantes ornementales, d'autres alimentaires. La tribu des byttnériacées donne le cacao.

Géraniacées. — Ornementales; quelques espèces fournissent en abondance une essence à odeur de rose très utilisée.

Caryophyllées. — Ornementales; principe savonneux; la nielle des blés est vénéneuse.

Crucifères. — Essence sulfo-azotée; alimentaires (chou, radis); oléifères (colza).

Papavéracées. — Opium, huile d'œillette.

Polygonées. — Fruits alimentaires (sarrasin); feuilles acidulées par le bioxalate de potasse (oseille); racines purgatives (rhubarbe) ou riches en tannin (bistorte).

Renonculacées. — Ornementales (anémone, adonis, renoncule d'Asie, clématite, aconit rose de Noël, dauphinelle, etc.), âcres et dangereuses (ellébore, aconit, etc.).

Euphorbiacées. — Plante à suc laiteux très âcre, graines purgatives (ricin, croton, etc.).

Urticées. — Écorces textiles (chanvre, ortie de Chine, etc.); fruits alimentaires (figue, mûre).

Amentacées. — Tous nos arbres forestiers à feuilles caduques, dits bois feuillus (chêne, hêtre, peuplier, saule, bouleau, aune, etc.).

Conifères. — Arbres forestiers, dits arbres verts (pins, sapins); donnent des térébenthines, essences et résines. — Nombreuses espèces de fossiles.

MONOCOTYLÉDONES.

Liliacées. — Plantes ornementales (lis, tulipe, jacinthe, etc.); plusieurs alimentaires (oignons, asperges).

Narcissées. — Ornementales (jonquille, narcisse, amaryllis, etc.).

Iridées. — Ornementales; rhizomes souvent âcres ou odorants (iris de Florence).

Orchidées. — Presque toutes ornementales, surtout les *épidendres* ou filles de l'air ; parfois alimentaires (salep, vanille).

Graminées. — Donnent les céréales et les prairies naturelles.

Palmiers. — Utilisations très variées.

CRYPTOGAMES VASCULAIRES.

COUP D'ŒIL SUR LES GRANDES ESPÈCES FOSSILES.

Équisétacées. — Épiderme de la tige silicifié, et utilisé pour le polissage des métaux (prêle d'hiver).

Lycopodiacées. — Les spores servent à produire les flammes sur les théâtres.

Fougères. — Ornementales ; rhizomes et racines renommées contre le ténia.

CRYPTOGAMES CELLULAIRES.

Mousses. — Ordinairement nitrifères, engrais riche en azote.

Lichens. — Quelques espèces alimentaires ou tinctoriales.

Algues. — Beaucoup d'espèces marines sont gélatineuses et alimentaires.

Champignons. — Aliments (truffe, orouge vraie, cèpe, agaric de couche, etc.) ou poisons (beaucoup d'amanites, etc.).

LANGUES VIVANTES.

GRAMMAIRE (continuation).

Grammaire allemande.

Revision. — Complément des études syntaxiques. — Insister sur les points suivants : emploi des modes et des auxiliaires de modes ; emploi ou rejet de la préposition devant l'infinitif ; cas régis par certaines classes de verbes. —Syntaxe des prépositions et des conjonctions.

Grammaire anglaise.

Fin de la syntaxe. — Formation des mots. — Mots simples, dérivés, composés.

Exercices.

Explication et récitation d'auteurs.
Exercice de lecture et de conversation.
Thème.
Version.

AUTEURS INDIQUÉS.

Allemands.

Morceaux choisis.
Lessing : *Fables.*
Une comédie en prose (Bénédix : Théâtre de famille).
Kotzebue : *La petite ville allemande, Paysan et citadin.*
Lessing : *Minna de Barnhelm.*

Anglais.

Morceaux choisis.
Daniel de Foë : *Robinson Crusoé.*
Irving : *Voyages de Christophe Colomb.*
Pope : *La forêt de Windsor.*
Miss Corner : *Histoire de Rome.*

DESSIN.

§ 1. — Dessin d'après des fragments d'architecture, tels que : chapiteaux, mascarons, griffes et griffons, masques de théâtre. — Vases, têtes décoratives d'animaux.

§ 2. — Dessin de l'ensemble et proportions de la figure humaine, d'après des estampes et d'après des bas-reliefs.

§ 3. — Etude et dessin des parties du corps humain. — Notions élémentaires d'anatomie. — Copié d'extrémités et] de détails de la figure humaine, d'après l'estampe et d'après la bosse.

DIVISION SUPÉRIEURE.

CLASSE DE TROISIÈME.

LANGUES FRANÇAISE, LATINE ET GRECQUE.

(Comme au plan d'études.)

HISTOIRE.

Histoire de l'Europe, et particulièrement de la France, du Ve siècle à la fin du XIIIe siècle. 395-1270.

La Gaule avant la conquête romaine. — La Gaule sous l'empire romain : administration provinciale et municipale ; condition des personnes ; le colonat. — Ecoles, monuments, civilisation. Le christianisme, l'épiscopat.

Les Germains : leurs invasions, énumération des Etats qu'ils ont fondés.

Les Francs : Clovis, Clotaire II, Dagobert. — Gouvernement et institutions de l'époque mérovingienne. Notions sur les lois barbares : la loi salique.

L'empire romain d'Orient. Justinien : son œuvre législative.

Mahomet. L'islamisme et le califat. Éclat de la civilisation arabe.

Pépin d'Héristal. Charles-Martel. Pépin le Bref.

Charlemagne : ses guerres ; rétablissement de l'empire. Gouvernement et institutions de l'époque carolingienne. Capitulaires.

Louis le Pieux. Traité de Verdun.

Charles le Chauve. Les Normands. Démembrement de l'empire en royaumes et de la France en grands fiefs.

Le régime féodal.

L'Eglise : épiscopat ; papauté ; conciles ; ordres religieux.

L'Empire : Othon le Grand. Les Franconiens. La querelle des investitures ; Grégoire VII.

Les Croisades. Le royaume de Jérusalem. Les Assises. L'Empire latin de Constantinople.

Alexandre III et Frédéric Barberousse. Innocent III. Guerre des Albigeois.

Innocent IV et Frédéric II. La maison d'Anjou en Italie.

Conquête de l'Angleterre par les Normands. Henri II. La Grande Charte. Henri III.

Progrès des populations urbaines et rurales; tendance à l'affranchissement : les communes.

Progrès du pouvoir royal en France. Louis VI et Louis VII. Philippe-Auguste. Son gouvernement.

Règne de saint Louis.

Les arts, les lettres, les écoles aux XIIe et XIIIe siècles; le commerce et l'industrie.

Tableau des États de l'Europe en 1270.

GÉOGRAPHIE.

I. — *Étude générale.*

Bornes et superficie de l'Europe. — Configuration de l'Europe. — Les mers; description des côtes.

Relief du sol; variété des formes. — Systèmes orographiques : constitution géologique. — Les plateaux et les plaines.

Fleuves et rivières. — Principaux centres de distribution des eaux. — Principaux groupes de lacs.

Lignes isothermes : vents et pluies; climats maritimes et continentaux. — Rapports de la végétation et du climat : flore méditerranéenne; steppes; forêts du Nord. — Limites climatériques de l'olivier, de la vigne, des céréales, de la végétation arborescente.

II. — *Description particulière des États.*

Étudier, pour chaque État, les traits caractéristiques de la géographie physique, la géographie politique, les divisions administratives ou historiques les plus importantes, les villes principales, la géographie économique (agriculture, mines, industrie, voies de communication, commerce), la population, la race, la langue, la religion.

Résumé comparatif. — Superficie comparée des États. — Productions et commerce. — Densité des populations. — Races. — Langues. — Religions. — Forces militaires.

SCIENCES.

ARITHMÉTIQUE (1).

Revision.

Plus grand commun diviseur et plus petit commun multiple.

Application au calcul des fractions.

Nombres premiers.

Conversion d'une fraction ordinaire en fraction décimale.

ALGÈBRE.

Notions très succinctes sur la représentation des grandeurs par des lettres et sur les opérations algébriques.

Équation du premier degré à une inconnue. — Applications.— Problèmes sur le mouvement uniforme.

GÉOMÉTRIE.

Revision.

Lignes proportionnelles.

Similitude.

Relation entre les côtés du triangle rectangle.

Propriétés des cordes, des sécantes et des tangentes issues du même point.

Polygones réguliers. — Carré; hexagone.

Rapport de la circonférence au diamètre.

Mesure des aires : rectangle, parallélogramme, triangle, trapèze.

Polygone circonscrit. — Aire du cercle.

Rapport des aires de deux figures semblables.

PHYSIQUE (2).

Pesanteur. — Équilibre des liquides. — Chaleur.

Définition et exemples de mouvements uniformes et de mouvements variés. — Inertie.

Divers états de la matière.

Pesanteur.

Direction de la pesanteur. — Centre de gravité.

---

(1) Deux heures par semaine pour l'arithmétique, la géométrie et l'algèbre.

2 Une heure par semaine.

Poids. Balances.
Chute des corps.

Equilibre des liquides et des gaz.

Surface libre des liquides en équilibre.
Vases communiquants ; applications.
Pressions sur les parois des vases.
Principe d'Archimède. — Poids spécifiques. — Notions sur les aréomètres à poids constant.
Presse hydraulique.
Pesanteur de l'air. — Baromètres à cuvette et à siphon.
Loi de Mariotte.
Machines pneumatiques. — Pompes. — Siphon.
Aérostats.

Chaleur.

Dilatation des corps par la chaleur.
Thermomètre. — Définition du degré.
Fusion. — Solidification.
Vaporisation. — Vapeurs saturantes et non saturantes. — Maximum de tension.
Définition de l'état hygrométrique. — Pluie. — Neige. — Rosée.
Evaporation. — Ebullition. — Distillation.
Notions expérimentales de calorimétrie.
Machine à vapeur.
Conductibilité.

LANGUES VIVANTES.

GRAMMAIRE.

Grammaire allemande.

Revision (particulièrement de la syntaxe). — Formation des mots. — Mots simples, dérivés et composés. — Prosodie (notions sommaires).

Grammaire anglaise.

Revision de la syntaxe. — Idiotismes. — Proverbes. — Règles générales de la prosodie.

EXERCICES.

Explication et récitation d'auteurs.
Exercices de lecture et de conversation.
Thème.
Version.
Notions d'histoire littéraire, à propos des morceaux expliqués.

AUTEURS INDIQUÉS.

Allemands.

Morceaux choisis.
Gœthe : *Campagne de France.*
Chamisso : *Pierre Schlemihl.*
Auerbach : *Récits villageois de la Forêt-Noire.*
Schiller : *Guillaume Tell. Marie Stuart.*

Anglais.

Morceaux choisis.
Macaulay : *Histoire d'Angleterre*, I.
Walter Scott : un roman.
Shakespeare : *Jules César.*
Dickens : *Histoire d'Angleterre.*

DESSIN.

§ 1. — Dessin d'après des fragments d'architecture. — Figures décoratives. — Cariatides. — Vases ornés de figures. — Frises ornées. — Ensemble et détails de l'ordre dorique, de l'ordre ionique et de l'ordre corinthien.

§ 2. — Dessin de la figure humaine et des animaux, d'après l'estampe et surtout d'après la ronde bosse.

NOTA. — Les photographies ne peuvent être admises comme modèles qu'autant qu'elles reproduisent des dessins de maîtres.

CLASSE DE SECONDE.

LANGUES FRANÇAISE, LATINE ET GRECQUE.

(Comme au plan d'études.)

HISTOIRE.

Histoire de l'Europe, et particulièrement de la France, depuis 1270 jusqu'à 1610.

Philippe le Bel ; caractère nouveau du gouvernement ; les légistes ; les premiers États généraux ; lutte contre Boniface VIII ; condamnation des Templiers ; soulèvement de la noblesse en 1314. — Les trois fils de Philippe le Bel.

Première partie de la guerre de Cent ans. — Les États généraux et Étienne Marcel. — La Jacquerie. — Charles V et Du Guesclin : guerres et gouvernement ; Paris au XIVe siècle.

Allemagne. — Avènement des Habsbourg ; affranchissement de la Suisse ; la Bulle d'Or ; la Hanse.

Déclin du moyen âge. Commencements de la Renaissance en Italie : Dante, Giotto, Pétrarque.

La poudre à canon ; la boussole ; le papier.

Les papes à Avignon ; le grand schisme d'Occident ; Wiclef en Angleterre ; agitations en Europe.

Deuxième partie de la guerre de Cent ans. — Charles VI ; rôle de la maison de Bourgogne ; Charles VII et Jeanne d'Arc ; traité d'Arras.

Institutions de Charles VII ; armée permanente ; Pragmatique de Bourges. — Mœurs ; la chevalerie nouvelle ; la cour de Bourgogne. — Guerre des Hussites. Fin du grand schisme d'Occident.

Démembrement de l'empire d'Orient ; Slaves et Hongrois ; les Turcs en Europe ; la Moscovie, Ivan III.

Nouveaux progrès du pouvoir monarchique. — France : Louis XI et Charles le Téméraire ; gouvernement et institutions. Charles VIII et Anne de Beaujeu ; États généraux de 1484.

Angleterre : avènement des Tudors ; la Constitution anglaise à la fin du XVe siècle.

Formation du royaume d'Espagne : Ferdinand et Isabelle. Découvertes maritimes ; Christophe Colomb ; les Portugais aux Indes, les Espagnols en Amérique.

État de l'Italie. — Les Médicis à Florence. — Guerres d'Italie, Louis XII, les papes Jules II et Léon X.

Rivalité de la France et de la maison d'Autriche ; François Ier et

Charles-Quint; Henri VIII; Soliman; Henri II. Acquisition des Trois-Évêchés; paix de Cateau-Cambrésis.

Gouvernement et institutions de la France, de Charles VIII à François II : l'administration; l'armée; la justice; les finances; le concordat.

La Renaissance. — Invention de l'imprimerie. — Les arts et les lettres en Italie : Brunelleschi, Machiavel, l'Arioste, le Tasse; les Écoles italiennes : Léonard de Vinci, Raphaël, Michel-Ange. — Flandre et Allemagne : les Van Eyck, Érasme, Durer, Copernic. — France : le cardinal d'Amboise; le Collège de France; Rabelais, Ronsard, Montaigne; l'école de Fontainebleau; Jean Goujon, Philibert Delorme.

La Réforme en Suisse, en Allemagne et dans les États scandinaves. — Zwingle et Luther; paix d'Augsbourg; Calvin à Genève.

Angleterre. — Henri VIII, Élisabeth et Marie Stuart.

Le Concile de Trente; la Société de Jésus; guerres religieuses; Philippe II, son rôle en Europe; affranchissement des Provinces-Unies; Guillaume le Taciturne.

Commencements de la Réforme et guerres de religion en France. — Charles IX; le chancelier de l'Hôpital; les Guises; les États généraux; Henri III et la Ligue.

Henri IV et Sully. — Édit de Nantes. — Administration et politique. État de l'Europe en 1610.

GÉOGRAPHIE.

Géographie de l'Afrique, de l'Asie, de l'Océanie et de l'Amérique.

Géographie générale : Globe et planisphère. — Construction des cartes géographiques. — L'atmosphère : vents alizés et vents variables, moussons, cyclones. — Distribution de la pluie. — Lignes isothermes; climats; végétaux.

La mer, marées, courants. — Le fond des mers, température, vie sous-marine. — Régions polaires.

Les continents. — Comparaison des principaux traits de la géographie physique dans les cinq parties du monde. — Montagnes, plateaux et plaines; fleuves.

Les races humaines.

Histoire sommaire des découvertes géographiques.

AFRIQUE, ASIE, OCÉANIE, AMÉRIQUE. — Relief du sol, fleuves, lacs ; régions naturelles. — Populations, émigrations, langues et religions. — Principaux États. — Colonies européennes.

Géographie économique : productions les plus importantes de l'agriculture, des mines, de l'industrie. — Commerce ; principaux ports. — Voies de communication par terre et par mer.

Insister sur l'Egypte, l'empire des Indes, l'Indo-Chine, la Chine et le Japon, l'Asie russe, les Etats-Unis, le Brésil, les colonies britanniques et néerlandaises.

Relations commerciales des cinq partie du monde. — Grandes lignes de navigation à vapeur et de télégraphie électrique.

SCIENCES.

ALGÈBRE (1).

Revision. Résolution des équations du premier degré à une et à plusieurs inconnues.

Introduction dans les énoncés des quantités affectées de signes.
Résolution de l'équation du second degré.
Discussion de quelques problèmes de géométrie.
Problèmes sur le mouvement rectiligne uniformément varié. — Application au mouvement des corps pesants.

GÉOMÉTRIE.

Géométrie de l'espace.
Perpendiculaire et obliques à un plan.
Parallélisme des droites et des plans.
Angle dièdre. — Plans perpendiculaires.
Notions sur les angles trièdres et polyèdres.
Polyèdres. — Mesure des volumes : parallélipipède, prisme, pyramide.

---

(1) Deux heures par semaine pour l'algèbre et la géométrie.

ACOUSTIQUE.

Production du son. — Mode de propagation du son dans l'air. — Sa vitesse dans les gaz, les liquides et les solides.

Intensité. — Hauteur. — Intervalles musicaux.

Harmoniques. — Timbre.

OPTIQUE (1).

Vitesse de la lumière.

Lois de la réflexion. — Miroirs plans.

Miroirs sphériques concaves et convexes.

Réfraction. — Prismes.

Lentilles. — Instruments d'optique.

Décomposition et recomposition de la lumière.

Couleurs complémentaires.

Spectre solaire.

Chaleur rayonnante.

LANGUES VIVANTES.

REVISION DE LA GRAMMAIRE ; IDIOTISMES.

Grammaire allemande.

Idiotismes. — Proverbes. — Continuation de l'étude de la prosodie.

Grammaire anglaise.

Revision de la syntaxe. — Prosodie anglaise. — Sources du vocabulaire : l'anglo-saxon et le normand.

EXERCICES.

Explication et récitation d'auteurs.

Exercices de lecture et de conversation.

Thème écrit et thème oral.

Version.

Compositions.

Notions d'histoire littéraire, à propos des morceaux expliqués.

---

(1) Une heure par semaine.

Allemands.

Morceaux choisis.

Gœthe : *Gœtz de Berlichingen, Voyage en Italie, Hermann et Dorothée.*

Schiller : *Wallenstein, Poésies lyriques, Soulèvement des Pays-Bas.*

Hauff : *Lichtenstein.*

Anglais.

Morceaux choisis.
Dickens : *David Copperfield.*
W. Irving : *Livre d'esquisses.*
Goldsmith : *Le Village abandonné ; le Voyageur.*
Shakespeare : *Macbeth.*
Walter Scott : un roman.

DESSIN.

Même programme que pour la troisième.

CLASSE DE RHÉTORIQUE.

LANGUES FRANÇAISE, LATINE ET GRECQUE.

(Comme au plan d'études.)

HISTOIRE.

*Histoire de l'Europe et particulièrement de la France,
depuis 1610 jusqu'en 1789.*

Louis XIII. — Troubles de la Régence. Etats généraux de 1614.

Louis XIII et Richelieu. — Lutte contre les protestants. Intrigues et complots dans la noblesse et la famille royale. Accroissement de l'autorité monarchique. Marine et colonies.

Guerre de Trente ans. Paix de Westphalie. Progrès de la Hollande et de la Suède. Traité d'Oliva.

Les Stuarts en Angleterre. — Révolution de 1648. Olivier Cromwell. L'acte de navigation. Restauration des Stuarts.

Minorité de Louis XIV. — La Fronde parlementaire : la Chambre de Saint-Louis. La Fronde des princes. Guerre contre l'Espagne. Traité des Pyrénées. Toute-puissance de Mazarin.

Gouvernement personnel de Louis XIV. Procès de Fouquet. — Les Conseils. Les Secrétaires de l'Etat.

Organisation financière. Agriculture. Commerce. Industrie. Marine. Colonies. Réformes et travaux de Colbert. Institutions et fondations ; les Ordonnances.

Organisation militaire. — Réformes de Letellier et de Louvois. Vauban.

Politique extérieure. — Lyonne et Pomponne. Guerre de dévolution. Guerre de Hollande. Paix de Nimègue. Chambres de réunion. Strasbourg. Trève de Ratisbonne.

Affaires religieuses. — Déclaration de 1682. Révocation de l'Edit de Nantes. Le Jansénisme.

Révolution de 1688 en Angleterre. — Guillaume III. Déclaration des droits.

Guerre de la ligue d'Augsbourg. Traité de Riswyk. — Guerre de la succession d'Espagne. Traités d'Utrecht et de Rastadt.

Fin du règne de Louis XIV. — Mémoires dressés par les intendants. Détresse financière. Testament et mort du Roi.

Tableau des lettres, des arts et des sciences, sous Richelieu et sous Louis XIV.

Lutte de la Suède et de la Russie. Charles XII et Pierre le Grand. Etats de l'Europe orientale après les traités de Carlowitz, de Passarowitz et de Nystadt.

Louis XV. — Régence du duc d'Orléans. Système de Law. Ministère du cardinal de Fleury. Guerre de la succession de Pologne.

Progrès de l'Etat prussien. Frédéric II. Guerre de la succession d'Autriche ; Marie-Thérèse. Guerre de Sept ans.

Rivalité maritime et coloniale de la France et de l'Angleterre.— Perte des colonies françaises. Traité de Paris.

Gouvernement de Louis XV. —La Cour, le Parlement, le Clergé.

Le comte d'Argenson et Machault. Choiseul. Le Triumvirat réforme judiciaire du chancelier Maupeou.

Tableau des lettres, des arts et des sciences au xviiie siècle. Economistes et philosophes. Influence des idées françaises en Europe.

Mouvement de réforme en Europe. — Charles III d'Espagne. Pombal en Portugal. Joseph II en Autriche. Frédéric II en Prusse. Gustave III en Suède. Beccaria. Ferdinand de Toscane.

La Russie au xviiie siècle. — Catherine II. Démembrement de la Pologne. Guerres de la Russie contre la Suède et la Turquie.

L'Angleterre au xviiie siècle. — Gouvernement parlementaire. La presse, la tribune et les lettres. Conquêtes des Anglais dans l'Inde. Régime colonial. Voyages et découvertes. Science et industrie.

Progrès et soulèvement des colonies d'Amérique. Guerre de l'indépendance des Etats-Unis. Traité de Versailles. Constitution américaine de 1787.

Louis XVI. — Turgot et Malesherbes. Réformes. Politique extérieure : Vergennes, Calonne et Brienne. Assemblée des notables. Necker.

Convocation des Etats généraux.

Situation politique de l'Europe en 1789.

GÉOGRAPHIE.

Géographie physique, politique, administrative et économique de la France et de ses possessions coloniales

Position de la France. Description détaillée du sol français.

Les côtes. Notions sommaires sur la constitution géologique du sol. — Système orographique : montagnes, plateaux et plaines. — Altitude moyenne des principales régions.

Régime des eaux. — Terrains perméables, imperméables. — Sources. — Climat : température, vents dominants, pluie.

Frontières : défenses naturelles et places fortes de la France et des pays limitrophes. — Ports militaires.

Langue et nationalité françaises. — Idiomes et dialectes.

Formation territoriale de la France. —Les anciennes provinces.

— Organisation actuelle : commune, canton, arrondissement, département.

Pouvoirs publics. Administration centrale : les ministères. — Organisation des grands services de l'Etat.

Agriculture. — Zones de culture; régions agricoles. — Principaux rapports de l'agriculture avec la géologie et le climat. — Produits. — Pêche.

Carrières et mines. — Industrie. — Rapport des diverses industries avec l'agriculture et avec les mines.

Routes, canaux, chemins de fer, postes, télégraphes, navigation fluviale et maritime. — Commerce : importation, exportation, transit. — Principaux centres de commerce et grandes villes.

Population : densité, mouvement de la population. — Influence de l'état physique ou économique des régions sur le groupement de la population.

Algérie : description physique, produits, voies de communication, commerce. — Relations avec la métropole et les pays voisins; population; colonisation ; administration.

Possessions coloniales de la France : description physique, productions, navigation, pêche, commerce: établissements pénitentiaires. Pays protégés. — Relations avec la métropole; administration.

SCIENCES.

GÉOMÉTRIE.

Revision.

Cylindre, cône, tronc de cône. — Surface et volume.

Sphère. — Section plane. — Grands cercles, petits cercles. — Pôles d'un cercle.

Plan tangent. — Volume d'un polyèdre circonscrit à la sphère. Surface et volume de la sphère.

COSMOGRAPHIE

Aspect général du ciel. — Constellations et étoiles les plus remarquables.

De la sphère céleste. — Uniformité de son mouvement apparent. — Méridiens, pôles. — Jour sidéral. — Hauteur et azimut. — Ascension droite et déclinaison.

De la terre. — Longitudes et latitudes géographiques. — Grandeur du rayon de la terre supposée sphérique. —Aplatissement du globe terrestre. — Longueur du mètre.

Du soleil. — Mouvement apparent de cet astre. — Solstices et équinoxes. — Obliquité de l'écliptique.

Inégalité des jours et des nuits. — Saisons. — Climats.

Mouvement elliptique. — Loi des aires. — Inégalité des saisons.

Mesure du temps. Jour solaire vrai. — Jour solaire moyen.

Double mouvement de la terre. — Explication de l'inégalité des jours et des nuits, des saisons, déduite des mouvements réels.

Taches du soleil. — Rotation.

De la lune. — Phases. — Taches. — Rotation. — Constitution physique. — Cartes de la lune. — Distance de la lune à la terre. — Dimensions réelles. — Éclipses de lune et de soleil. — Période chaldéenne.

Calendrier. — Calendriers lunaire, solaire, luni-solaire. — Réforme julienne. — Calendrier grégorien.

Des planètes. — Mouvements apparents des planètes dans le zodiaque. — Système de Copernic.

Distance des planètes au soleil. — Lois de Kepler.

Notions sommaires sur les planètes.

Notions sur les comètes. — Étoiles filantes, bolides.

Énoncé du principe de la gravitation universelle.

Notions sur les marées.

Notions d'astronomie stellaire.

Physique.

MAGNÉTISME. — ÉLECTRICITÉ.

Production de l'électricité par le frottement.

Électricité par influence ; électroscopes ; électrophores. — Machines électriques.

Condensation ; bouteille de Leyde ; batteries. — Décharge électrique.

Électroscope condensateur.

Aimants naturels et artificiels. — Définition de la déclinaison et de l'inclinaison.

Piles voltaïques. — Courant électrique ; effets mécaniques, physiques et chimiques. — Arc électrique. — Effets physiologiques.

Galvanoplastie. — Dorure et argenture.

Expérience d'OErstedt. — Galvanomètre.

Action des courants sur les courants.

Solénoïde. — Action des courants et de la Terre sur le solénoïde.

Comparaison du solénoïde et de l'aimant.

Aimantation par les courants.

Électro-aimants. — Télégraphe électrique.

LANGUES VIVANTES.

STYLE.

Allemand.

Revision générale de la grammaire.

Anglais.

Revision générale de la grammaire.
Langue de la poésie et langue de la prose.

EXERCICES.

Explication et récitation d'auteurs.
Exercices de lecture et de conversation.
Thème écrit et thème oral.
Version.
Compositions.
Notions d'histoire littéraire, à propos des morceaux expliqués.

AUTEURS INDIQUÉS.

Allemands.

Morceaux choisis.

Lessing : *Dramaturgie de Hambourg.*
Gœthe : *Le Tasse, Iphigénie, Poésies lyriques.*
Schiller : *La Fiancée de Messine, Guerre de Trente ans.*

Anglais.

Morceaux choisis.
Dickens : *Nicolas Nickleby.*
Walter Scott : *Les Puritains d'Écosse.*
Shakespeare : *Henri VIII, Richard III, Othello.*
Byron : *Childe Harold.*

DESSIN.

§ 1. — Développements et applications des études précédentes.

NOTA. Quelques leçons pourront être consacrées à l'étude de la tête d'après nature.

§ 2. — Études de paysages d'après l'estampe.

NOTA. Quand les circonstances le permettront, les élèves pourront être exercés à dessiner d'après nature, des paysages et des édifices.

CLASSE DE PHILOSOPHIE.

Philosophie. — Introduction.

La science. — Classification des sciences. — Qu'appelle-t-on philosophie des sciences, de l'histoire, etc.? — Objet propre de la philosophie ; ses divisions.

PSYCHOLOGIE.

Objet de la psychologie : caractère propre des faits qu'elle étudie. — Les degrés et les limites de la conscience.

Distinction et relation des faits psychologiques et des faits physiologiques.

Sources d'information de la psychologie : conscience, langues, histoire, etc. — Utilité de la psychologie comparée. — De l'expérimentation en psychologie. — Classification des faits psychologiques.

La sensibilité. — Émotions (plaisirs et douleurs). — Sensations et sentiments. — Inclinations et passions.

L'intelligence. — Acquisition, conservation, élaboration de la connaissance.

Acquisition : données de la conscience et des sens.

Conservation et combinaison : mémoire, association des idées, imagination.

Élaboration : formation des idées abstraites et générales ; jugement, raisonnement.

Les principes directeurs de la connaissance : données de la raison ; peut-on les expliquer par l'expérience, l'association des idées ou par l'hérédité ?

Les résultats de l'activité intellectuelle : l'idée du moi, l'idée du monde extérieur, l'idée de Dieu.

Notions d'esthétique : le beau. — L'art. — Des principes et des conditions des beaux-arts. — L'expression, l'imitation, la fiction et l'idéal.

La volonté. — Analyse de l'acte volontaire : la liberté.

Des modes divers de l'activité psychologique : instinct, activité volontaire, habitude.

Des manifestations de la vie psychologique : les signes et le langage.

Rapports du physique et du moral. — Le sommeil, les rêves, le somnambulisme, l'hallucination, la folie.

Éléments de psychologie comparée.

LOGIQUE.

Définition et division de la logique.

Logique formelle. — Idées et termes. — Jugements et propositions. — Définition. — Déduction et syllogisme.

Logique appliquée. — Des méthodes : analyse et synthèse.

Logique inductive. — Méthodes des sciences de la nature : observation, hypothèse, expérimentation, classification, induction, analogie. — Définitions empiriques.

Application de ces méthodes aux sciences psychologiques ; aux sciences historiques. Sources de l'histoire : critique du témoignage.

Logique déductive. — Méthode des sciences abstraites : définitions rationnelles, axiomes, déduction, démonstration. — Usage de la déduction dans les sciences expérimentales.

Part de la déduction et de l'expérience dans la morale, le droit et la politique.

Nature, causes et remèdes de l'erreur.

MORALE.

Morale spéculative. — La conscience, le bien, la liberté, le devoir.

Diverses conceptions du souverain bien : doctrines utilitaires et sentimentales.

Doctrine de l'obligation.

Le devoir et le droit. — Valeur absolue de la personne.

La vertu. — La responsabilité et la sanction.

Morale pratique. — La morale personnelle : tempérance, sagesse, courage, dignité humaine et relation avec les êtres inférieurs.

La morale domestique : la famille.

La morale sociale : la justice ou respect du droit. — Les droits. — La charité.

Éléments de la société ; notion de l'État.

Distinction du droit naturel, du droit civil, du droit politique.— Vote. — Obéissance à la loi. — Service militaire. — Dévouement à la patrie.

La morale religieuse. — Devoirs envers Dieu.

Notions d'économie politique.

Production de la richesse. — Les agents de la production : la matière, le travail, l'épargne, le capital, la propriété.

Circulation et distribution des richesses. — L'échange, la monnaie, le crédit, le salaire et l'intérêt.

Consommation de la richesse : consommations productives et improductives. — La question du luxe. — Dépenses de l'État. — L'impôt, le budget, l'emprunt.

MÉTAPHYSIQUE ET THÉODICÉE.

Le problème de la certitude. — Le scepticisme. — L'idéalisme.
Diverses conceptions sur la matière et la vie.

L'esprit. — Matérialisme et spiritualisme.

Dieu : son existence et ses attributs. — Le problème du mal. — Optimisme et pessimisme.

Immortalité de l'âme.

Conclusion du cours. — Rôle de la philosophie. — Son importance au point de vue intellectuel, moral et social.

HISTOIRE DE LA PHILOSOPHIE.

Des systèmes en général. — Définition des principaux systèmes philosophiques.

Notions sommaires sur la philosophie grecque avant Socrate : Ioniens, Atomistes, Pythagoriciens, Éléates, Sophistes.

Socrate. — Platon. — Aristote.

Notions sommaires sur les écoles après Socrate : Pyrrhoniens, Épicuriens, Stoïciens, Académiciens.

Notions sommaires sur la philosophie à Rome et sur l'École d'Alexandrie.

Notions sommaires sur la philosophie scolastique.

Notions sommaires sur la philosophie de la Renaissance.

La philosophie au XVIIᵉ siècle. — Bacon. — Descartes et ses principaux disciples. — Spinoza. — Malebranche. — Leibniz et Locke.

Notions sommaires sur la philosophie aux XVIIIᵉ et XIXᵉ siècles (1).

HISTOIRE.

Histoire contemporaine de 1789 à la Constitution de 1875.

PREMIÈRE PARTIE. — HISTOIRE DE 1789 A 1848.

État de la France avant la Révolution. La Cour et le Gouvernement. L'administration provinciale. La justice et la législation. Les impôts. L'armée. Les trois ordres. — Le clergé. — Privilèges de la noblesse et droits féodaux. — La noblesse de robe. La bourgeoisie. Corporations industrielles. — Agriculture. État de la propriété.

---

(1) L'ordre adopté dans ce programme ne doit pas enchaîner la liberté du professeur, pourvu que les questions indiquées soient toutes traitées.

Ministère de Necker. — Élection des députés aux États généraux. Rédaction des cahiers. Ouverture des Etats.

Assemblée constituante. — Déclaration des droits. — Abolition des privilèges. Division administrative et organisation judiciaire. Nouvelle condition des personnes et des terres. L'état civil. Nouveau système d'impôts. Constitution civile du clergé. Liberté de l'industrie et du commerce. — Les biens nationaux. Les assignats. — Constitution de 1791.

Assemblée législative. — Déclaration de guerre à l'Autriche. Campagne de 1792.

La Convention nationale. — Chute de la royauté. — La Commune de Paris. Girondins et Montagnards. — Procès et mort de Louis XVI. — Le Comité de salut public. La Terreur. Le 9 Thermidor.

Première coalition. Campagnes de 1793 et 1794. — Guerre de Vendée. — Campagne de 1795. Traité de Bâle.

Institutions et créations de la Convention. Grand-Livre de la dette publique. Système métrique. — L'Institut. Organisation de l'enseignement. Constitution de l'an III.

Le Directoire. — Mandats territoriaux. Emprunts forcés. Le tiers consolidé. La conscription militaire. — Campagne de 1796. Bonaparte en Italie. Traité de Campo-Formio. Congrès de Rastadt. Expédition d'Egypte. — Deuxième coalition. Campagne de 1799.

Le 18 Brumaire. — Le Consulat. — Constitution de l'an VIII. Organisation administrative, financière et judiciaire.

Le Code civil. Le Concordat et les articles organiques. — La Banque de France. — La Légion d'honneur.

Campagne de 1800. Traités de Lunéville et d'Amiens. — Le Consulat à vie. — Rupture de la paix d'Amiens.

L'Empire. Constitution impériale. Nouvelle noblesse. L'armée. Politique intérieure de Napoléon. Suppression du Tribunat. Rôle du Sénat et du Conseil d'Etat. Les Codes. Les finances. Grands travaux d'utilité générale. — L'Université. — Sciences, lettres, beaux-arts et industrie.

Politique extérieure de Napoléon. — Guerres de 1804 à 1807. Austerlitz, Iéna, Friedland. Traités de Presbourg et de Tilsitt. — Création d'Etats feudataires. — Blocus continental. — Guerre d'Espagne. Traité de Vienne.

L'Europe en 1810. État politique et moral.

Campagnes de Russie, d'Allemagne, de France. — Chute de l'Empire.

La Restauration. Charte de 1814. — Traité de Paris.

Les Cent jours. L'Acte additionnel. — Waterloo. — Le congrès de Vienne. — Les Traités de 1815.

Tableau comparé des puissances européennes et de leurs colonies en 1789 et en 1815.

Règne de Louis XVIII. — Le régime parlementaire. — Lois sur les élections, sur le recrutement militaire, sur la presse. — Mesures économiques. Système protecteur. — Agitations intérieures.

Règne de Charles X. — La Congrégation. Chute du ministère Villèle.

Les Ordonnances. — Révolution de juillet.

Politique extérieure de la Restauration. Intervention en Espagne. Navarin. Expédition de Morée. Prise d'Alger.

La Sainte-Alliance, les congrès et la politique d'intervention. — Les Universités allemandes. Le carbonarisme. — Insurrections en Italie, en Espagne. Affranchissement de la Grèce. Traité d'Andrinople.

Règne de Georges IV, en Angleterre. Politique extérieure. Canning. — Réformes économiques. — Huskisson. — Émancipation des catholiques. Robert Peel.

Émancipation des colonies espagnoles. — Le Brésil. État comparé de l'Amérique en 1776 et 1830.

Règne de Louis-Philippe. — Charte de 1830. — Sociétés secrètes, émeutes. Lois de Septembre. — Lois sur l'instruction primaire et sur les travaux publics. Développement de l'industrie. Chemins de fer. — Loi d'apanage. Loi de régence. — La campagne réformiste. Révolution de Février.

État des lettres, des arts et des sciences depuis 1815. Romantiques et classiques. Influence des littératures étrangères. — Nouvelles applications de la science à l'industrie.

Politique extérieure de Louis-Philippe. Intervention en Belgique. Occupation d'Ancône. Quadruple alliance. Traité de Londres. — Mariages espagnols. — Le droit de visite.

Conquête et colonisation de l'Algérie.

Mouvements en Europe après 1830. Création du royaume de Belgique. Insurrection de Pologne. — L'Italie de 1831 à 1848. — Établissement du régime constitutionnel en Espagne et en Portugal. — Mouvements libéraux et union douanière en Allemagne. — Le Sonderbund.

En Angleterre, bill de réforme parlementaire et électorale : Robert Peel et Richard Cobden. Réformes coloniales. Le libre-échange. L'*income-tax*.

Question d'Orient. Le sultan Mahmoud. — Méhémet-Ali. Convention des Détroits. — Progrès des Russes et des Anglais en Asie.

Constitution de 1848. — Coup d'État du 2 Décembre. Constitution de 1852. Règne de Napoléon III.

Guerre de Crimée. Principautés du Danube. — Création du royaume d'Italie. Nice et la Savoie à la France. — Dissolution de la Confédération germanique. — Monarchie austro-hongroise. — Guerre de sécession américaine. — Guerre du Mexique.

Les traités de commerce. — Le canal de Suez.

Révolutions et guerres dans l'extrême-Orient. — L'empire anglais des Indes.

Guerre de 1870. — Chute du second Empire. — Création de l'empire allemand. Traité de Francfort. — Constitution de février 1875.

SCIENCES.

ARITHMÉTIQUE ET ALGÈBRE.

Revision des cours d'arithmétique et d'algèbre, en ajoutant les progressions et les logarithmes; du cours de géométrie, en ajoutant la similitude dans l'espace.

PHYSIQUE.

Revision des cours.
Compléments.

Notions de mécanique et de physique.

Mouvement. — Forces.
Travail.
Lois de la chute des corps. — Machine d'Atwood.
Pendule : ses applications.

Notions générales de physique.

Équivalence du travail mécanique et de la chaleur. — Application à la calorimétrie. — Sources de chaleur.

Expériences fondamentales de l'induction par les courants et les aimants; téléphone. — Bobine de Ruhmkorff.

Principe des machines magnéto-électriques. — Éclairage électrique.

Mouvements vibratoires.

Propagation d'un ébranlement à la surface d'une masse liquide.

Propagation du son dans les solides, les liquides et les gaz. — Réflexion du son.

Tuyaux sonores.

Mode de propagation de la lumière. — Spectres de diverses sources lumineuses. — Radiations diverses. — Photographie.

CHIMIE.

Corps composés et corps simples.

Eau : analyse et synthèse. — Hydrogène. — Oxygène.

Air : analyse. — Azote.

Combustion. — Notions générales sur la combinaison chimique. — Chaleur dégagée. — Changement de propriétés.

Principes de la nomenclature et de la notation chimiques. Acides. — Bases.

Oxydes de l'azote. — Acide azotique. — Ammoniaque.

Lois des combinaisons en poids et en volume.

Chlore. — Acide chlorhydrique. — Eau régale.

Iode.

Soufre. — Acide sulfureux. — Acide sulfurique. — Acide sulfhydrique.

Phosphore. — Acide phosphorique. — Hydrogène phosphoré.

Carbone. — Acide carbonique. — Oxyde de carbone. — Sulfure de carbone. — Cyanogène et acide cyanhydrique.

Carbures d'hydrogène. — Acétylène. — Gaz oléfiant. — Gaz des marais. — Benzine.

Gaz de houille. — Flamme.

Silice.

Généralités sur les métaux, les oxydes et les sels.

Généralités sur les principales matières organiques, au double point de vue de leur existence dans les végétaux et de leur formation artificielle.

ANATOMIE ET PHYSIOLOGIE ANIMALES (1).

L'individu : problème de l'espèce.

Classification naturelle. — Familles. — Classes. — Types.

---

(1) Deux heures et demie par semaine.

Types nettement définis : vertébrés, articulés, mollusques, cœlenthérés ; types moins bien définis : tuniciers, vers, échinodermes, protozoaires.

Ce qu'on entend par unité de plan.

Type vertébré : vertèbres, membres.

Type articulé : zoonites, appendices.

Type mollusque : pied, manteau, coquille.

Type cœlentéré.

Organismes microscopiques : infusoires, microbes.

Rapports de l'organisme et de son milieu. — Exemples d'adaptations : mammifères volants, pisciformes ; animaux aveugles ; commensaux et parasites.

Variabilité des formes animales : hérédité, sélection naturelle.

Multiplication, reproduction des êtres vivants. Animaux vivipares et ovipares. Développement, métamorphoses, migrations, formes alternantes.

Individus isolés, individus agrégés.

Mœurs, instincts et intelligence ; instincts indépendants de la forme des organes. Sociétés animales.

Structure intime du corps des animaux. Eléments anatomiques : cellules, fibres, humeurs. Idée générale d'une cellule. Vie cellulaire ; greffe, régénération, reproduction après scission.

Eléments anatomiques libres ; globules du sang. Eléments anatomiques agrégés en tissus ; principaux tissus.

Substance vivante : éléments minéraux constitutifs ; principes immédiats. Substances albuminoïdes.

Protoplasma. — Propriétés de la substance vivante.

Echange nutritif : équilibre nécessaire entre l'apport et le rejet. — Résultat le plus général : oxydation chez les animaux : réduction dans les parties vertes des plantes.

Transformation des forces dans l'organisme : force mécanique, chaleur, électricité, lumière, actions chimiques.

Evolution de l'être vivant simple ou composé. — Mort ; décomposition cadavérique. — Réviviscence.

Etude spéciale de l'homme. — Description anatomique sommaire.— Organe; appareil; fonctions; division du travail physiologique.

Principaux appareils : squelette ; muscles ; centres nerveux ; organes thoraciques ; organes abdominaux ; organes des sens.

Appareil de la digestion : dents; salive; aliments inorganiques, organiques; leurs transformations. — Absorption.

Le sang : globules rouges et blancs ; coagulation.

Circulation : historique (Harvey). Cœur ; artères ; veines ; vaisseaux capillaires ; pouls. — Circulation de la veine-porte ; le foie : fonction glycogénique (Claude Bernard); la bile.

Idée sommaire de l'appareil lymphatique.

Appareil de la respiration : fosses nasales ; arrière-gorge ; trachée-artère ; poumons ; circulation pulmonaire ; changement de couleur du sang. — Asphyxie; mal de montagne; cloche à plongeur.

Chaleur animale (Lavoisier).

Sécrétions. — Reins : urée. Sueur. Larmes.

Fonctions de relation : rapports de l'être vivant et du monde extérieur ; mouvement ; sensibilité générale ; sensibilités spéciales ; phénomènes intellectuels.

Description sommaire du système nerveux : encéphale ; moelle épinière, nerfs moteurs et sensitifs, mixtes ; système grand sympathique, nerfs vasomoteurs.

Propriétés générales des nerfs; effets divers de leur excitation.

Mouvements. — Os : leur composition ; principaux os des membres.

Muscles : fibre musculaire; muscles de la vie animale et de la vie organique; phénomènes de la contraction.

Larynx : voix; voyelles; consonnes.

Organes des sens : mécanisme des sensations. Rôle des nerfs et des centres nerveux. Rêves; hallucinations.

Odorat et goût. — Fosses nasales; langue; papilles. Odeurs et saveurs des corps.

Toucher. — La peau; les poils; les ongles. Variété des sensations tactiles.

Ouïe. — Constitution de l'oreille. Subjectivité des sensations auditives.

Limite des sons perceptibles : son simple, son composé, harmonique. Intervalles musicaux.

Vue. — L'œil et ses annexes; mouvements de la pupille.

Subjectivité des sensations visuelles.

Vision monoculaire, monochromatique. Formation de l'image rétinienne, marche des rayons lumineux dans l'œil, *punctum cœcum*, accommodation, myopie, presbytie, lunettes.

Persistance de l'image rétinienne, fatigue rétinienne, images consécutives, phosphènes.

Vision des couleurs, contraste simultané et successif.

Vision binoculaire.

Mouvements associés des deux yeux, appréciation des distances; angle visuel. Illusions d'optique, stéréoscope, pseudoscope.

Fonctions des centres nerveux cérébro-spinaux. — Encéphale. — Hémisphères cérébraux : substance grise et substance blanche; leurs fonctions.

Tentatives de localisations cérébrales.

Bulbe rachidien. — Entre-croisement des pyramides antérieures. — Nœud vital.

Cervelet.

Moelle épinière. — Actions réflexes; actions réflexes adaptées; actes sympathiques.

Notions d'anatomie et de physiologie comparées des animaux autres que les mammifères, en prenant un exemple dans chaque classe pour les Vertébrés, et dans chaque type pour les Invertébrés.

ANATOMIE ET PHYSIOLOGIE VÉGÉTALES.

Anatomie.

Eléments anatomiques (cellule, fibre, vaisseau).
Tissus considérés :
Dans la tige (dicotylédones, monocotylédones, cryptogames vasculaires) ;
Dans la racine (dicotylédones, monocotylédones);
Dans la feuille (nervures, épidermes, parenchymes, symétrique et asymétrique), stomates ;
Dans l'anthère et le pollen ;
Dans l'ovaire, l'ovule, le style, le stigmate, le fruit et la graine.

MORPHOLOGIE GÉNÉRALE.

Origine des parties de la fleur.
Métamorphoses ascendante et descendante.
Loi de symétrie florale.

PHYSIOLOGIE.

Fonctions de nutrition. — Absorption des matériaux nutritifs, sève ascendante, sève nourricière, transpiration, respiration, transformations des matières absorbées, assimilation et désassimilation. Formation de substances organiques et organisées à l'aide de substances inorganiques.
Fonction chlorophyllienne.
Excrétions diverses.
Modes d'accroissement des tiges et des racines des végétaux.
Mouvement et sensibilité dans les végétaux.

Fécondation. — Actes préparatoires, actes essentiels, phénomènes consécutifs.
Chaleur développée à l'époque de la fécondation.

Germination. — Conditions intrinsèques à la graine.

Conditions extérieures essentielles (eau, air, chaleur) et accessoires (électricité, alcali végétal, acides, chlore, ozone, etc.).

LANGUES VIVANTES.

Auteurs allemands.

Morceaux choisis, d'un caractère philosophique.
Gœthe : *Faust*, 1re partie (extraits).
Lessing : *Laocoon* (extraits).
Correspondance de Schiller et de Gœthe (extraits).
Herder : *Idées sur la philosophie de l'histoire de l'humanité*.
Schiller : *Œuvres esthétiques*.

Auteurs anglais.

Morceaux choisis, d'un caractère philosophique.
Bacon : *Essais*.
Pope : *Essais sur la Critique*.
Macaulay : *Histoire d'Angleterre*.
Stuart Mill : *La Liberté*.

DESSIN.

Même programme que pour la classe de rhétorique.

Fait à Paris, le 2 août 1880.

Le Ministre de l'Instruction publique,
et des Beaux-Arts,

J. FERRY.

Le Conseil supérieur de l'instruction publique, après avoir arrêté les Plan d'Etudes et Programmes, s'est attaché à poser les principes des nouvelles méthodes qui devront être désormais appliquées. Il a résumé ces principes dans les articles suivants :

1° Dans tout le cours des études et dès les premières classes, l'enseignement aura pour objet de développer le jugement de l'enfant en même temps que sa mémoire et de l'exercer à exprimer sa pensée.

2° L'étude de la grammaire ne saurait être abandonnée ni à la diversité des méthodes ni à celle des livres. Il sera nécessaire que l'élève ait entre les mains, pour chaque période et pour chaque langue, une grammaire proportionnée à son âge et à ses connaissances.

3° Pendant la période des classes élémentaires, l'étude des règles sera réduite à la partie indispensable, en vertu de ce principe qu'il faut apprendre la grammaire par la langue et non la langue par la grammaire. On ira des textes aux règles, de l'exemple à la formule, du concret à l'abstrait.

4° Pour la même raison, on mettra fin à l'abus des analyses grammaticales écrites, et, en général, à l'abus de tous les devoirs écrits qui peuvent, avec plus d'avantage, être remplacés par les exercices oraux ou au tableau, les interrogations, les lectures expliquées et commentées. On s'attachera, dans l'analyse logique, à distinguer surtout le sujet, le verbe et l'attribut, et à signaler les propositions principales et les propositions incidentes.

5° L'étude de la langue française, durant la première période triennale, sera rattachée aux diverses connaisances élémentaires qui y prennent place, et s'en inspirera dans les divers exercices de la classe. En outre, des exercices variés, écrits et oraux, sur la valeur et l'acception des mots, sur la propriété des termes, sur les tours et les mouvements de phrases, et sur les premiers éléments de l'art d'écrire, avec une part déjà faite à l'invention dans ce qu'elle a de plus simple, permettront d'aborder, en sixième le latin, dans des conditions plus favorables pour l'intelligence et la traduction des textes.

6° La grammaire latine employée dans les classes de la seconde période devra être également très simple. Elle ne saurait être plus longtemps un recueil de recettes, réunies en vue du thème et propres surtout à faire passer une idée ou une tournure du français en latin; elle devra présenter, autant que possible, la raison des règles. Pour le latin et plus tard pour le grec, comme précédemment pour le français, on fera sortir successivement les règles des textes classiques, au lieu d'aborder ces textes après avoir presque épuisé le formulaire des règles abstraites. Le but principal est la version; le thème doit être surtout considéré comme un moyen de vérification.

7° Le thème oral fait en classe sous la direction et avec la participation du maître, devra donc, dans toute la série des études, être associé au thème écrit, fait par l'élève, isolément et à tête reposée. Tout ce qui contribuera à accroître la somme du travail fait en commun, dans la classe même, avec l'active et incessante collaboration du maître, sera considéré comme un avantage et un progrès; cette observation s'applique particulièrement aux jeunes enfants. Les élèves, à mesure qu'ils avancent en âge, ont moins besoin d'être guidés pas à pas et soutenus. Il convient de les habituer de plus en plus à faire des efforts personnels.

Le professeur pourra aussi lire lentement un texte français, soigneusement préparé, dont les élèves feront, au fur et à mesure, la traduction écrite en latin.

8° La composition latine devant être considérée surtout comme un moyen de constater les résultats acquis et comme un instrument pour les affermir, le thème latin et la composition latine seront ramenés à leur véritable usage. L'explication approfondie des textes prendra désormais la plus grande place dans les études littéraires; c'est par eux que l'on pénétrera directement dans le génie des langues et des civilisations anciennes. Mais, une fois que l'on possédera suffisamment l'intelligence de la langue latine il paraît utile que l'élève traduise quelquefois ses idées en latin. En conséquence, les narrations latines de la classe de seconde et les discours latins de la classe de rhétorique seront remplacés par des compositions latines plus courtes, sur des sujets plus variés, à des intervalles moins rapprochés.

Les compositions françaises, distribuées et graduées dans les diverses classes, ne seront plus uniquement des narrations, des discours ou des lettres. Tous les sujets propres à entretenir l'habitude de la réflexion, à former le goût, à fortifier le jugement, seront utilement employés aux exercices de la classe. Ils seront surtout littéraires en rhétorique.

On évitera l'abus des matières qui favorisent trop les amplifications stériles, et on habituera l'élève à trouver les principales idées de ses compositions.

9° Le mot-à-mot écrit, dont on abuse pour les textes latins ou grecs, ne devra être exigé, même dans la division de grammaire, que par exception et pour un petit nombre de passages. Il ne saurait dégénérer en une altération habituelle des règles et des usages de la langue française et tourner à l'incorrection systématique. Les textes devront d'ailleurs être toujours rendus en français par les élèves, ou par le professeur, à la fin de chaque explication d'une certaine étendue.

10° Il conviendra de restreindre sensiblement l'usage des dictionnaires, beaucoup trop détaillés et trop complets, et qui dispensent les élèves de bien des efforts. Il est constant qu'ils ne peuvent actuellement s'en passer dans aucune classe, qu'ils y trouvent la solution de presque toutes les difficultés et la traduction même de beaucoup de passages. L'usage de thèmes oraux sans dictionnaire sera déjà un avantage. On pourra, en outre, dans la classe de seconde et surtout dans celle de rhétorique, introduire avec profit la pratique des compositions de version latine ou grecque sans dictionnaire, en choisissant des morceaux qui n'offrent, pour le sens des mots, aucune difficulté ni surprise, ou pour lesquels les maîtres se contenteront de quelques indications verbales. En tout cas, des lexiques devront suffire. L'usage de bonnes traductions françaises sera admis pour l'étude des textes.

11° L'exercice du vers latin, tel qu'il a été pratiqué jusqu'ici, est supprimé. On y substituera l'étude plus complète de la métrique, et, en troisième, des exercices oraux ou écrits de métrique, en classe ou comme devoirs. La métrique et la versification françaises seront désormais l'objet d'une étude moins superficielle.

L'exercice facultatif du vers latin pourra être conservé, pour quelques élèves d'élite. Mais, cette réserve faite, le Conseil admet que les avantages attribués à la pratique du vers latin, en vue de développer le sentiment poétique et d'affermir le goût, peuvent être obtenus, d'une part, par l'étude même des textes en prose et en vers, dans les trois langues, et, d'autre part, par l'ensemble des exercices et des compositions littéraires en français ou en latin depuis les classes élémentaires. Il a paru que, dans les conditions présentes, la lecture des poètes latins avait plus souvent servi à la versification latine que la versification latine à la lecture des poètes.

12° L'enseignement de l'histoire a donné lieu à un certain nombre d'observations. On a été d'accord qu'il devait tendre, surtout dans les hautes classes, à développer la connaissance des institutions, des mœurs et des usages, en faisant, pour les menus événements et le détail des faits de guerre, quelques sacrifices inévitables. L'histoire de France, en particulier, devra mettre en lumière le développement général des institutions d'où est sortie la société moderne ; elle devra inspirer le respect et l'attachement pour les principes sur lesquels cette société est fondée.

13° Les rédactions devront être réduites en étendue. Les développements oraux et les interrogations occuperont la plus grande place dans l'enseignement de toutes les classes. Les élèves pourront même être exercés, en classe, à la discussion des faits historiques qui peuvent être controversés ou appréciés diversement.

Cette espèce d'argumentation historique et morale sera bien placée dans les hautes classes, pour compléter l'apprentissage des esprits.

14° Le Conseil a reconnu que la plupart des modifications qu'il s'agit d'introduire dans l'enseignement, exigeront une participation plus directe des élèves et une intervention plus fréquente des professeurs dans les exercices de la classe ; que, dans ces conditions, les classes des lycées les plus peuplés réclameront des subdivisions plus nombreuses. Il a exprimé le désir que les divisions n'eussent jamais qu'un nombre d'élèves assez restreint pour permettre aux réformes de porter tous leurs fruits.

15° Le Conseil exprime le vœu que l'enseignement de l'histoire et l'enseignement des sciences soient donnés, dès la sixième, par des professeurs spéciaux, aussitôt que l'Administration disposera d'un personnel assez nombreux et de ressources suffisantes.

Société d'imprimerie, Paul Dupont, 41, rue J.-J. Rousseau.